의 학습 계획표

WEEK **1**	WEEK **2**	WEEK **3**	WEEK **4**
☐ DAY 1	☐ DAY 6	☐ DAY 11	☐ DAY 16
_____월 _____일	_____월 _____일	_____월 _____일	_____월 _____일
☐ DAY 2	☐ DAY 7	☐ DAY 12	☐ DAY 17
_____월 _____일	_____월 _____일	_____월 _____일	_____월 _____일
☐ DAY 3	☐ DAY 8	☐ DAY 13	☐ DAY 18
_____월 _____일	_____월 _____일	_____월 _____일	_____월 _____일
☐ DAY 4	☐ DAY 9	☐ DAY 14	☐ DAY 19
_____월 _____일	_____월 _____일	_____월 _____일	_____월 _____일
☐ DAY 5	☐ DAY 10	☐ DAY 15	☐ DAY 20
_____월 _____일	_____월 _____일	_____월 _____일	_____월 _____일
🏆 Review	🏆 Review	🏆 Review	🏆 Review
_____월 _____일	_____월 _____일	_____월 _____일	_____월 _____일

Cheer UP!

WEEK 5	WEEK 6	WEEK 7	WEEK 8
☐ **DAY 21** _____ 월 _____ 일	☐ **DAY 26** _____ 월 _____ 일	☐ **DAY 31** _____ 월 _____ 일	☐ **DAY 36** _____ 월 _____ 일
☐ **DAY 22** _____ 월 _____ 일	☐ **DAY 27** _____ 월 _____ 일	☐ **DAY 32** _____ 월 _____ 일	☐ **DAY 37** _____ 월 _____ 일
☐ **DAY 23** _____ 월 _____ 일	☐ **DAY 28** _____ 월 _____ 일	☐ **DAY 33** _____ 월 _____ 일	☐ **DAY 38** _____ 월 _____ 일
☐ **DAY 24** _____ 월 _____ 일	☐ **DAY 29** _____ 월 _____ 일	☐ **DAY 34** _____ 월 _____ 일	☐ **DAY 39** _____ 월 _____ 일
☐ **DAY 25** _____ 월 _____ 일	☐ **DAY 30** _____ 월 _____ 일	☐ **DAY 35** _____ 월 _____ 일	☐ **DAY 40** _____ 월 _____ 일
🏆 **Review** _____ 월 _____ 일	🏆 **Review** _____ 월 _____ 일	🏆 **Review** _____ 월 _____ 일	🏆 **Review** _____ 월 _____ 일

기적의 초등 필수 영단어 2

Olene Kim 지음

길벗스쿨

저자 **Olene Kim**

지난 20여 년간 영어라는 언어를 어린이들이 어려움 없이 단계적으로 습득해갈 수 있도록 효과적인 교수법을 연구하여 다양한 교재로 구현해 온 초등 영어 교육 전문가입니다. 파닉스, 리딩, 코스북, 문법 등 여러 분야의 ELT 교재와 영어 단행본 학습서를 집필·개발하였습니다. 현재 C2 Archive(씨투 아카이브)라는 영어연구소를 운영하며, 학습자와 학부모, 교사 모두에게 사랑받는 영어 교재를 만들고 있습니다.

기적의 초등 필수 영단어 2
Miracle Series – English Words for Elementary Students 2

초판 발행 · 2022년 12월 30일
초판 2쇄 발행 · 2023년 12월 5일

지은이 · Olene Kim
발행인 · 이종원
발행처 · 길벗스쿨
출판사 등록일 · 2006년 7월 1일 | **주소** · 서울시 마포구 월드컵로 10길 56(서교동)
대표 전화 · 02)332-0931 | **팩스** · 02)323-0586
홈페이지 · www.gilbutschool.co.kr | **이메일** · gilbutschool@gilbut.co.kr

기획 및 담당 편집 · 최지우(rosa@gilbut.co.kr) | **제작** · 김우식
영업마케팅 · 문세연, 박선경, 박다슬 | **웹마케팅** · 박달님, 권은나, 윤슬현, 이재윤
영업관리 · 정경화 | **독자지원** · 윤정아, 전희수

편집진행 · 박미나 | **전산편집** · 장하라 | **본문 디자인** · 비따 | **표지 삽화** · 이요한 | **본문 삽화** · 이인아, 루루
영문 감수 · Ryan P. Lagace, Benjamin Schultz | **인쇄 및 제본** · 상지사피앤비 | **녹음** · YR미디어

ISBN 979-11-6406-478-6 64740 (길벗 도서번호 30506)
정가 15,000원

독자의 1초를 아껴주는 정성 길벗출판사
길벗 | IT실용서, IT/일반 수험서, IT전문서, 경제실용서, 취미실용서, 건강실용서, 자녀교육서
더퀘스트 | 인문교양서, 비즈니스서
길벗이지톡 | 어학단행본, 어학수험서
길벗스쿨 | 국어학습서, 수학학습서, 유아학습서, 어학학습서, 어린이교양서, 교과서, 학습단행본

길벗스쿨 공식 카페 〈기적의 공부방〉 · cafe.naver.com/gilbutschool
인스타그램 / 카카오플러스친구 · @gilbutschool

제 품 명	기적의 초등 필수 영단어 2
제조사명	길벗스쿨
제조국명	대한민국
전화번호	02-332-0931
주 소	서울시 마포구 월드컵로 10길 56 (서교동)
제조년월	판권에 별도 표기
사용연령	8세 이상

KC마크는 이 제품이 공통안전기준에 적합하였음을 의미합니다.

초등학생이 꼭 알아야 할 필수 영단어, 제대로 익혀 활용해요!

어휘력은 초등 영어의 기초 체력이에요. 어휘를 바탕으로 읽기, 듣기, 말하기, 쓰기 영역에서도 실력이 키워지지요. 특히, 3학년은 본격적인 영어 학습이 이루어지는 시기이기 때문에 무엇보다도 필수적인 어휘들을 우선적으로 학습하여 기본기를 갖추는 것이 중요합니다.

교육부 지정 필수 영단어부터 확실하게!

초등 영어 교육과정은 일상에 필요한 의사소통 능력 기르기를 주된 목표로 삼고 있고, 그에 따라 교육부는 의사소통에 꼭 필요한 재료가 되는 800단어를 엄선하여 교과서에 담아 교육하고 있어요. 본 학습서는 가장 1순위 필수 단어라 할 수 있는 800단어를 집중적으로 학습하여 초등 영어의 기본기를 탄탄하게 다질 수 있게 했습니다.

단어만 알면 끝? 활용할 수 있어야 진짜 어휘력!

개별 단어를 암기했다고 해서 진짜 영단어를 익혔다고 할 수 있을까요? 스펠링과 의미를 매칭하여 외우는 것을 넘어, 실생활에서 필요한 때에 단어를 꺼내 쓰고 말할 수 있어야 진짜 실력이라 할 수 있습니다. 그러기 위해서는 단어가 실제로 어떻게 활용되고 쓰이는지 문장 속에서 쓰임을 익히는 것이 중요합니다. 본 학습서는 교과서에서 다루는 문장과 함께 맥락이 있는 글에서 단어의 의미와 쓰임을 익히고 연습할 수 있도록 구성했습니다. 교과서 주요 문형과 함께 필수 단어를 익혀가는 일석이조의 효과를 맛보세요.

평균적으로 한 단어를 완전하게 알기 위해서는 여러 번의 반복 노출이 필요하다고 합니다. 본 학습서로 단어와 문장을 익힌 뒤에, 별도 제공하는 부가 학습자료로 나의 실력을 진단하고 복습해 보세요. <기적의 초등 필수 영단어>가 초등과정의 기본기를 탄탄하게 만들어줄 거라 기대하며 이 책으로 공부하는 많은 초등학생 여러분들을 응원합니다.

지은이 **Olene Kim**

특징과 구성

교과서 문장으로 익히는 문맥 어휘 학습법!

기적의 초등 필수 영단어

 최신 교육과정의 필수 영단어를 총정리!

교육부에서 지정한 초등 필수 영단어 800개와 영어 교과서에서 자주 나오는 영단어를 분석하여 담았습니다. 이 단어들만 제대로 공부해도 초등 영어의 기본기를 확실하게 쌓을 수 있습니다.

 실제 쓰임을 익히는 문맥 어휘 학습법!

개별적인 단어의 뜻을 아는 것보다 문장 맥락에서 단어의 쓰임을 알고 이해할 때, 단어를 자유자재로 활용할 수 있는 어휘력이 효과적으로 길러집니다. 이 책은 일상적인 의사소통이 일어나는 상황글을 통해 단어가 어떻게 쓰이고 활용되는지를 자연스럽게 터득하여 진짜 어휘력을 키울 수 있도록 합니다.

 교과서 핵심 문형까지 한 번에!

이 책에서 다루는 문장은 초등 영어 교육과정의 '의사소통 기능문'을 토대로 작성되었습니다. 초등 필수 영단어를 공부하면서 동시에 영어 교과서에 실린 핵심 문형까지 함께 익힐 수 있어 두 배의 학습 효과를 가져다 줍니다.

 완벽한 복습을 만드는 부가 학습자료!

학습한 내용을 온전히 내 것으로 만들기 위해서는 복습이 중요합니다. '길벗스쿨 e클래스'에서 제공하는 4종의 부가 학습자료와 온라인 퀴즈를 통해, 자신의 실력을 점검하고 복습하여 학습한 단어와 문형을 더 오래 기억하도록 만듭니다.

이렇게 공부하세요!

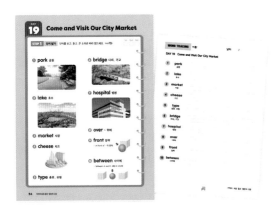

STEP 1 단어 알기

- 단어의 정확한 의미와 철자를 배워요. QR코드를 찍어 원어민 발음과 함께 단어를 보고, 듣고, 큰 소리로 따라 읽어요.
- Tracing Sheet를 통해 단어의 의미와 철자를 확실하게 공부해요.

STEP 2 문장 속 단어 이해하기

- 원어민 발음과 함께 글을 듣고, 읽고, 손으로 따라쓰며 문장 맥락 속 단어의 실제 쓰임을 이해하고 익혀요.
- Word Quiz를 통해 놓치기 쉬운 단어의 의미와 철자를 확인해요.

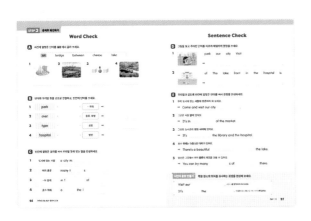

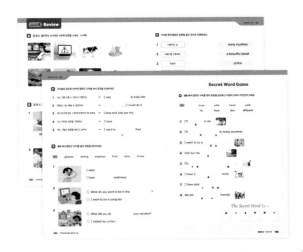

STEP 3 문제로 확인하기

- 다양한 유형의 연습 문제를 통해, 단어의 우리말 뜻과 철자를 꼼꼼히 점검해요. 문장 속에서 학습한 단어가 어떻게 활용되는지 확인해요.
- '나만의 문장 만들기'를 통해, 학습한 단어와 문장 구조를 연습하고 직접 문장을 완성할 수 있어요.

Review 한 주 학습 마무리하기

- 5일 동안 배운 단어를 다양한 문항으로 점검해요. 여러 유형의 문제를 풀며 자신의 실력을 확인하고, 게임 활동을 통해, 배운 단어를 재미있게 복습해요.

차례

DAY	TITLE	교과 연계 의사소통 상황	PAGE
1	**Where Are You From?**	자기 소개하기 자신의 국적과 취미를 표현하는 상황 속에서 관련 단어를 학습해요.	10
2	**What Size Do You Need?**	정보 묻고 답하기 상품의 치수와 가격이 얼마인지 묻고 답하는 상황 속에서 관련 단어를 학습해요.	14
3	**My Favorite Subject Is Math**	좋아하는 것 표현하기 좋아하는 과목을 설명하는 상황 속에서 관련 단어를 학습해요.	18
4	**My Clock Rings at 7 a.m.**	하루 일과 진술하기 오전, 정오, 점심의 일과를 묘사하는 상황 속에서 관련 단어를 학습해요.	22
5	**It's Sweet and Sour!**	맛 표현하기 요리를 만드는 상황 속에서 관련 단어를 학습해요.	26
WEEK 1	**Review** (DAY 1 ~ DAY 5)		30
6	**Do You Like Camping?**	좋아하는 것 묻고 답하기 좋아하는 야외 활동에 대해 묻고 답하는 상황 속에서 관련 단어를 학습해요.	34
7	**May I Help You?**	도움 요청 · 제안하기 도서관에서 도움을 요청하고 제안하는 상황 속에서 관련 단어를 학습해요.	38
8	**Whose Shoe Is This?**	질문하고 답하기 누구의 물건인지 묻고 답하는 상황 속에서 관련 단어를 학습해요.	42
9	**This Is Our Living Room**	공간 묘사하기 물건의 위치와 함께 거실의 특징을 설명하는 상황 속에서 관련 단어를 학습해요.	46
10	**I Live in a House in the Countryside**	사는 장소 묘사하기 현재 살고 있는 장소의 특징을 설명하는 상황 속에서 관련 단어를 학습해요.	50
WEEK 2	**Review** (DAY 6 ~ DAY 10)		54
11	**It's Boring to Stay Home**	바람 표현하기 주말에 하고 싶은 일을 표현하는 상황 속에서 관련 단어를 학습해요.	58
12	**I Sometimes Go to the Cinema**	여가 활동 묻고 답하기 여가 시간에 자신이 하는 활동을 설명하는 상황 속에서 관련 단어를 학습해요.	62
13	**She Writes Stories for Kids**	직업 소개하기 각 직업에 대한 일을 소개하는 상황 속에서 관련 단어를 학습해요.	66
14	**What Will You Do This Summer?**	계획 묻고 답하기 미래 계획을 묻고 답하는 상황 속에서 관련 단어를 학습해요.	70
15	**We Go to Busan by Airplane**	교통수단 표현하기 교통수단을 이용하여 여행하는 상황 속에서 관련 단어를 학습해요.	74
WEEK 3	**Review** (DAY 11 ~ DAY 15)		78

DAY	TITLE	교과 연계 의사소통 상황	PAGE
16	**I Want to Be a Pilot**	장래 희망 묻고 답하기 장래 희망을 묻고 답하는 상황 속에서 관련 단어를 학습해요.	82
17	**Jeju Island Is a Beautiful Island**	특정 지역 묘사하기 제주도의 관광 장소와 특징을 묘사한 글을 읽고 관련 단어를 학습해요.	86
18	**I Have Long Straight Hair**	생김새 묘사하기 외모의 차이와 특징을 묘사하는 상황 속에서 관련 단어를 학습해요.	90
19	**Come and Visit Our City Market**	위치 진술하기 특정 장소의 위치를 설명하는 상황 속에서 관련 단어를 학습해요.	94
20	**I Visited My Uncle's Farm**	경험 묻고 답하기 방학 동안 경험했던 일에 대해 묻고 답하는 상황 속에서 관련 단어를 학습해요.	98
WEEK 4 Review (DAY 16 ~ DAY 20)			102
21	**Are You in the Fifth Grade?**	설득·권유하기 학교 클럽을 홍보하는 상황 속에서 관련 단어를 학습해요.	106
22	**Turn Right at the Corner**	길 묻고 답하기 길을 묻고 안내하는 상황 속에서 관련 단어를 학습해요.	110
23	**Let's Heat the Air in the Balloon**	사실 묘사하기 열기구를 타고 마을을 내려다보는 상황 속에서 관련 단어를 학습해요.	114
24	**Which Season Do You Like?**	선호 표현하기 좋아하는 계절을 묻고 그 이유를 답하는 상황 속에서 관련 단어를 학습해요.	118
25	**How Was Your Trip?**	만족 표현하기 여행에 대한 느낀 점을 이야기 하는 상황 속에서 관련 단어를 학습해요.	122
WEEK 5 Review (DAY 21 ~ DAY 25)			126
26	**I Got Wet in the Rain**	상태 보고하기 병원에서 진찰받는 상황 속에서 관련 단어를 학습해요.	130
27	**Why Are You Tired?**	기분·상태 묻고 답하기 기분이나 상태를 묻고 답하는 상황 속에서 관련 단어를 학습해요.	134
28	**Tigers Are Stronger than Lions**	비교하기 동물의 특징을 설명하고 비교하는 상황 속에서 관련 단어를 학습해요.	138
29	**What's the Date Today?**	날짜 묻고 답하기 날짜를 묻고 답하는 상황 속에서 관련 단어를 학습해요.	142
30	**How Can I Get to the Zoo?**	길 묻고 답하기 길을 묻고 정보를 안내하는 상황 속에서 관련 단어를 학습해요.	146
WEEK 6 Review (DAY 26 ~ DAY 30)			150

DAY	TITLE	교과 연계 의사소통 상황	PAGE
31	**How Often Do You Jump Rope?**	빈도수 묻고 답하기 활동을 얼마나 자주 하는지 묻고 답하는 상황 속에서 관련 단어를 학습해요.	154
32	**I Must Return Them by Tomorrow**	의도 표현하기 계획한 일을 묘사하는 상황 속에서 관련 단어를 학습해요.	158
33	**The Hen Laid Golden Eggs**	상황 묘사하기 '잭과 콩나무' 이야기에서 잭이 처한 상황을 묘사하는 글을 읽고 관련 단어를 학습해요.	162
34	**Oil Is Lighter than Water**	정보 전달하기 사실적 정보를 전달하는 상황 속에서 관련 단어를 학습해요.	166
35	**Whenever I Walk, My Foot Hurts**	제안하기 활동을 제안하고 답하는 상황 속에서 관련 단어를 학습해요.	170
WEEK 7 **Review** (DAY 31 ~ DAY 35)			174
36	**You Should Wear a Helmet**	도덕적 의무 표현하기 지켜야 할 주의사항을 설명하는 상황 속에서 관련 단어를 학습해요.	178
37	**I Don't Agree with You**	주장·이의 표현하기 반려동물에 대한 의견을 표현하는 상황 속에서 관련 단어를 학습해요.	182
38	**The Earth Is Getting Warmer**	주장하기 환경오염의 현재 상태에 대해 설명하고 충고하는 상황 속에서 관련 단어를 학습해요.	186
39	**Recycle Bottles and Cans**	권유하기 3 R에 대해 설명하는 상황 속에서 관련 단어를 학습해요.	190
40	**This Is the Human Life Cycle**	사실 전달하기 인간의 생애 주기를 설명하는 상황 속에서 관련 단어를 학습해요.	194
WEEK 8 **Review** (DAY 36 ~ DAY 40)			198

• **Words Check List**   202

• 정답 (별책)

학습이 즐거워지는 길벗스쿨 e클래스

① 길벗스쿨 e클래스(eclass.gilbut.co.kr) 홈페이지에 들어가서 〈기적의 초등 필수 영단어〉를 검색하시거나 QR을 통해 접속하세요.

길벗스쿨 e클래스(eclass.gilbut.co.kr) 홈페이지

② Day별로 제공하는 학습자료를 확인하세요. 단어 음원, 문장 음원, 온라인 퀴즈 등을 활용하여 간편한 학습과 복습이 가능해요.

음원 페이지

온라인 퀴즈

복습도 확실하게! 추가 학습자료 4종 제공

길벗스쿨 e클래스의 자료실에서 복습에 유용한 보충 자료를 다운받으세요!

· Word Tracing Day별 단어 학습이 끝난 후, 손으로 단어를 직접 써 보면 의미와 철자를 확실하게 익힐 수 있어요.

· Word Test 단어를 우리말 뜻으로 써 보는 문제와 우리말 뜻을 영단어로 써 보는 문제를 통해, 학습한 단어를 잘 기억하고 있는지 점검하고 연습해 보세요.

· Word Dictation Day별로 제공하는 음원을 듣고, 알맞은 단어를 딕테이션 해 보세요. 학습한 단어를 문장 속에서 집중하여 듣고 써넣으면서 듣기 실력과 어휘력을 함께 키울 수 있어요.

· Unit Test 학습한 단어와 문형을 Day별로 테스트 해 보세요. 문제를 통해, 헷갈리거나 잘 외워지지 않은 부분을 확인하고 복습할 수 있어요.

Where Are You from?

STEP 1 단어 알기 단어를 보고, 듣고, 큰 소리로 따라 읽으세요. Track **01**

① **football** 축구

TIP football은 '미식 축구'를 뜻하지만 영국 등의 유럽 국가에서는 '축구'를 뜻해요.

② **basketball** 농구

③ **sport** 스포츠, 운동

④ **hobby** 취미

⑤ **from** ~에서, ~부터

⑥ **listen** 듣다

• listen to music 음악을 듣다

⑦ **elementary** 초보의

• elementary school 초등학교

⑧ **middle** 중간의

• middle school 중학교

⑨ **almost** 거의

⑩ **where** 어디에

Where are you from?

당신은 어디에서 왔나요? (어느 나라 사람인가요?)

 I'm from Korea.

나는 한국에서 왔어요. (한국인이에요.)

I go to Woori Elementary School.

나는 우리 초등학교에 다녀요.

My hobby is listening to music.

내 취미는 음악 듣기예요.

 I'm from the UK.

나는 영국에서 왔어요. (영국인이에요.)

I go to Westfield Middle School.

나는 웨스트필드 중학교에 다녀요.

I like playing football and basketball.

나는 축구와 농구하는 것을 좋아해요.

I like almost all sports.

나는 거의 모든 스포츠를 좋아해요.

Word Quiz

football과 basketball을 포함하는
단어는 무엇일까요?

 sports   school

Word Check

A 사진에 알맞은 단어를 보기 에서 골라 쓰세요.

보기   basketball   listen   football   middle

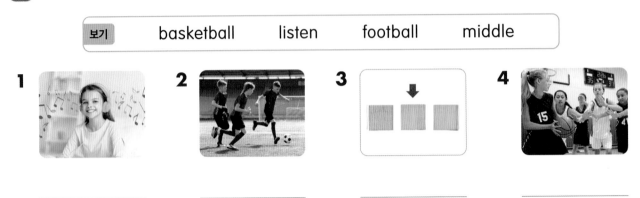

1 _____   2 _____   3 _____   4 _____

B 단어와 우리말 뜻을 선으로 연결하고, 빈칸에 단어를 쓰세요.

1 where · · 초보의 ⇒ _____

2 from · · 어디에 ⇒ _____

3 elementary · · ~에서, ~부터 ⇒ _____

4 sport · · 스포츠, 운동 ⇒ _____

C 빈칸에 알맞은 글자를 써서 우리말 뜻에 맞는 말을 완성하세요.

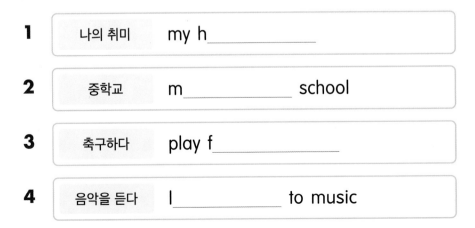

1 나의 취미   my h_____

2 중학교   m_____ school

3 축구하다   play f_____

4 음악을 듣다   l_____ to music

Sentence Check

D 그림을 보고 주어진 단어를 바르게 배열하여 문장을 쓰세요.

1   from   Korea   I'm

➡ _____ .

2   all   like   I   almost   sports

➡ _____ .

E 우리말과 같도록 빈칸에 알맞은 단어를 써서 문장을 완성하세요.

1 나는 우리 **초등학교**에 다녀요.

➡ I go to Woori _____ School.

2 나는 영국에서 왔어요.

➡ I'm _____ the UK.

> **TIP** the UK 혹은 the U.K는 the United Kingdom을 줄인 것으로 '영국'을 뜻해요.

3 내 취미는 음악 **듣기**예요.

➡ My hobby is _____ing to music.

4 당신은 **어디에서** 왔나요?

➡ _____ are you _____?

5 나는 축구와 **농구**하는 것을 좋아해요.

➡ I like playing football and _____ .

나만의 문장 만들기   어느 나라 사람인지 묻고 답하는 문장을 완성해 보세요.

Where are you _____ ? 당신은 어디에서 왔나요?

I'm from _____ . 나는 (나라)에서 왔어요.

What Size Do You Need?

STEP 1 단어 알기 단어를 보고, 듣고, 큰 소리로 따라 읽으세요. Track 03

① **shirt** 셔츠

② **jacket** 재킷

③ **pants** 바지

④ **size** 치수, 크기

⑤ **cash** 현금

⑥ **clerk** 점원, 직원

⑦ **customer** 손님, 고객

⑧ **pay** 돈을 내다

TIP pay with cash는 '현금으로 결제하다'라는 의미이고, pay with a credit card는 '신용카드로 결제하다'라는 의미예요.

clerk
pay
customer

⑨ **medium** 중간의

large
medium
small

⑩ **thirty** 30, 삼십 개, 삼십 개의

Customer: I like this shirt.

손님: 저는 이 셔츠가 마음에 드네요.

 Clerk: What size do you need?

점원: 당신은 무슨 치수가 필요하신가요?

 Customer: I need a medium one.

손님: 저는 중간 (치수)가 필요해요.

 Clerk: Here it is.

점원: 여기 있습니다.

 Customer: I'd like to buy pants and a jacket, too.
How much are they?

손님: 저는 바지와 재킷도 사고 싶어요. 그것들은 얼마인가요?

 Clerk: They are thirty dollars.

점원: 그것들은 삼십 달러예요.

 Customer: Okay, I'd like to pay with cash.

손님: 네, 저는 현금으로 내고 싶어요.

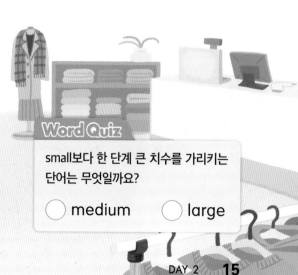

Word Quiz

small보다 한 단계 큰 치수를 가리키는 단어는 무엇일까요?

○ medium ○ large

Word Check

A 사진에 알맞은 단어를 골라 동그라미 하세요.

1

jacket

clerk

2

shirt

pay

3

medium

pants

4

cash

size

B 우리말 뜻과 같도록 보기 에서 알맞은 단어를 찾아 쓰세요.

보기   clerk   medium   customer   pay

1

_____

돈을 내다

2

_____

손님, 고객

3

_____

점원, 직원

4

_____

중간의

C 주어진 글자를 바르게 배열하여 우리말 뜻에 맞는 말을 완성하세요.

1	무슨 치수	what _____	z e i s
2	삼십 달러	_____ dollars	i t t h r y
3	재킷을 사다	buy a _____	a k c e j t
4	이 바지	these _____	a p n s t

Sentence Check

D 그림을 보고 알맞은 말을 골라 ☑ 표 하고 문장을 쓰세요.

1 I need a ☐ medium ☐ large one.

➡ _____ .

2 I'd like to pay with ☐ my credit card ☐ cash .

➡ _____ .

E 우리말과 같도록 빈칸에 알맞은 단어를 써서 문장을 완성하세요.

1 저는 이 **셔츠**가 마음에 드네요.

➡ I like this _____ .

2 당신은 무슨 **치수**가 필요하신가요?

➡ What _____ do you need?

3 저는 바지와 **재킷**도 사고 싶어요.

➡ I'd like to buy pants and a _____ , too.

4 그것들은 **삼십** 달러예요.

➡ They are _____ dollars.

5 네, 저는 **현금**으로 내고 싶어요.

➡ Okay, I'd like to _____ with _____ .

나만의 문장 만들기   가격을 묻고 답하는 문장을 완성해 보세요.

_____ _____ are they? 그것들은 얼마인가요?

They are _____ dollars. 그것들은 (가격)달러예요.

DAY 3 · My Favorite Subject Is Math

STEP 1 단어 알기 단어를 보고, 듣고, 큰 소리로 따라 읽으세요. Track 05

1 art 미술, 예술

2 math 수학

3 number 숫자, 수

0 1 2 3 4 5 6 7 8 9

4 subject 과목

5 nature 자연

6 contest 대회

- win a contest 대회에서 우승하다

7 problem 문제

- math problems 수학 문제들

8 help 도와주다, 돕다

9 understand 이해하다

10 favorite 가장 좋아하는

My favorite subject is math.

내가 가장 좋아하는 과목은 수학이에요.

I like doing math problems.

나는 수학 문제 푸는 것을 좋아해요.

Math helps us understand numbers.

수학은 우리가 숫자를 이해하도록 도와줘요.

 My favorite subject is art.

내가 가장 좋아하는 과목은 미술이에요.

I like to draw nature.

나는 자연을 그리는 것을 좋아해요.

I want to win an art contest.

나는 미술 대회에서 우승하고 싶어요.

Word Quiz

숫자와 관련된 과목은
무엇일까요?

◯ art
◯ math
◯ English

Word Check

A 사진에 알맞은 단어를 보기 에서 골라 쓰세요.

보기   help   number   nature   contest

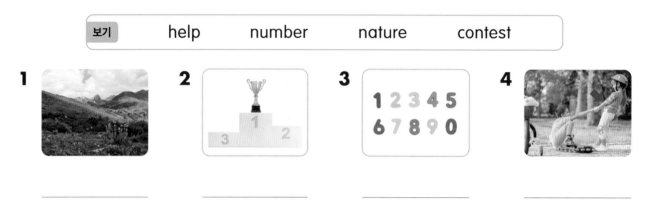

1 _____   2 _____   3 _____   4 _____

B 단어와 우리말 뜻을 선으로 연결하고, 빈칸에 단어를 쓰세요.

1 math   ·   · 과목   ➡ _____

2 favorite   ·   · 수학   ➡ _____

3 problem   ·   · 가장 좋아하는   ➡ _____

4 subject   ·   · 문제   ➡ _____

C 빈칸에 알맞은 글자를 써서 우리말 뜻에 맞는 말을 완성하세요.

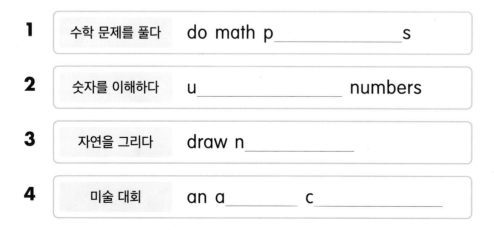

1 수학 문제를 풀다   do math p_____s

2 숫자를 이해하다   u_____ numbers

3 자연을 그리다   draw n_____

4 미술 대회   an a_____ c_____

Sentence Check

D 그림을 보고 주어진 단어를 바르게 배열하여 문장을 쓰세요.

1
doing   I   problems   math   like

➡ _____ .

2
draw   nature   I   like   to

➡ _____ .

E 우리말과 같도록 빈칸에 알맞은 단어를 써서 문장을 완성하세요.

1 내가 **가장 좋아하는** 과목은 수학이에요.

➡ My _____ subject is math.

2 수학은 우리가 숫자를 **이해하도록** 도와줘요.

➡ Math helps us _____ numbers.

3 나는 미술 **대회**에서 우승하고 싶어요.

➡ I want to win an art _____ .

4 나는 **자연**을 그리는 것을 좋아해요.

➡ I like to draw _____ .

> **TIP** I like to ~.와 I like ~ing. 모두 '~하는 것을 좋아하다.'라는 표현이에요.
>
> ex. I like <u>to draw</u> nature. (O)
>   I like <u>drawing</u> nature. (O)

5 내가 가장 좋아하는 **과목**은 **미술**이에요.

➡ My favorite _____ is _____ .

나만의 문장 만들기 내가 좋아하는 과목에 대해 설명하는 문장을 완성해 보세요.

My favorite subject is _____ .   내가 가장 좋아하는 과목은 (과목명)예요.

I like to _____ .   나는 (행위)를 좋아해요.

My Clock Rings at 7 a.m.

① bed 침대
• go to bed 자다

② hour 한 시간, 시간

③ clock 시계

④ noon
정오, 낮 12시

Tip at noon은 '정오에'라는 뜻으로 낮 12시를,
at midnight은 '자정에'라는 뜻으로 밤 12시를
나타내는 말이에요.

⑤ bread 빵

⑥ a.m. 오전

⑦ p.m. 오후

⑧ homework 숙제
• do one's homework 숙제를 하다

⑨ come 오다

⑩ ring (소리가) 울리다

My clock rings at 7 a.m.

내 시계가 오전 7시에 울려요.

I get up and eat bread for breakfast.

나는 일어나서 아침 식사로 빵을 먹어요.

Then, I go to school.

그런 다음, 나는 학교에 가요.

I eat lunch at noon.

나는 정오에 점심을 먹어요.

I come home at 4 p.m.

나는 오후 4시에 집에 와요.

I do my homework for an hour.

나는 한 시간 동안 숙제를 해요.

I go to bed at 9 p.m.

나는 밤 9시에 침대에 가요. (자요.)

Word Quiz

'낮 12시'를 가리키는 단어는 무엇일까요?

◯ night   ◯ noon   ◯ hour

Word Check

A 사진에 알맞은 단어를 골라 동그라미 하세요.

1
clock
noon

2
hour
homework

3
bed
bread

4
come
ring

B 우리말 뜻과 같도록 보기 에서 알맞은 단어를 찾아 쓰세요.

보기   p.m.   bed   hour   a.m.

1
_____
시간

2
_____
침대

3
_____
오전

4
_____
오후

C 주어진 글자를 바르게 배열하여 우리말 뜻에 맞는 말을 완성하세요.

1 | 아침 식사를 위한 빵 | _____ for breakfast | d b r a e |

2 | 집에 오다 | _____ home | e c m o |

3 | 정오에 | at _____ | n n o o |

4 | 한 시간 동안 | for an _____ | o u r h |

Sentence Check

D 그림을 보고 알맞은 말을 골라 ☑ 표 하고 문장을 쓰세요.

1

I get up at ☐ 7 a.m. ☐ 7 p.m.

➡ _____

2

I ☐ go to school ☐ go to bed at 9 p.m.

➡ _____

E 우리말과 같도록 빈칸에 알맞은 단어를 써서 문장을 완성하세요.

1 나는 오후 4시에 집에 **와요**.

➡ I _____ home at 4 p.m.

2 나는 밤 9시에 **침대에** 가요.

➡ I go to _____ at 9 p.m.

3 나는 한 시간 동안 **숙제를** 해요.

➡ I do my _____ for an hour.

4 나는 일어나서 아침 식사로 **빵을** 먹어요.

➡ I get up and eat _____ for breakfast.

5 내 **시계가** 오전 7시에 **울려요**.

➡ My _____ _____s at 7 a.m.

나만의 문장 만들기 나의 일과를 묘사하는 문장을 완성해 보세요.

I _____ at _____

나는 (몇 시)에 (일과)를 해요.

It's Sweet and Sour!

STEP 1 단어 알기 단어를 보고, 듣고, 큰 소리로 따라 읽으세요.  Track 09

① **rice** 밥

② **salt** 소금

③ **sugar** 설탕

④ **lemon** 레몬

⑤ **sauce** 소스

⑥ **salad** 샐러드

⑦ **add** 넣다, 더하다

⑧ **fry** 기름에 볶다

• fried rice 볶음밥

⑨ **taste** 맛이 ~하다, 맛

⑩ **sour** 신, 시큼한

I'm making a salad.

나는 샐러드를 만들고 있어요.

Add this lemon sauce.

이 레몬 소스를 넣어요.

It's sweet and sour!

달고 셔요! (새콤달콤해요!)

 I'm making fried rice.

나는 볶음밥을 만들고 있어요.

Add salt and sugar.

소금과 설탕을 넣어요.

It tastes good!

훌륭한 맛이 나요!

Word Quiz

오감 중 '맛'을 느끼는
감각은 무엇일까요?

◯ taste

◯ sauce

Word Check

A 사진에 알맞은 단어를 보기 에서 골라 쓰세요.

보기 rice   fry   lemon   salad

1 _____

2 _____

3 _____

4 _____

B 단어와 우리말 뜻을 선으로 연결하고, 빈칸에 단어를 쓰세요.

1 sauce ·   · 소금   ➡ _____

2 sour   ·   · 소스   ➡ _____

3 salt   ·   · 설탕   ➡ _____

4 sugar ·   · 신, 시큼한 ➡ _____

C 빈칸에 알맞은 글자를 써서 우리말 뜻에 맞는 말을 완성하세요.

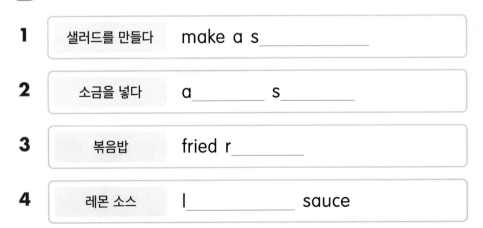

1 샐러드를 만들다   make a s_____

2 소금을 넣다   a_____ s_____

3 볶음밥   fried r_____

4 레몬 소스   l_____ sauce

Sentence Check

D 그림을 보고 주어진 단어를 바르게 배열하여 문장을 쓰세요.

1

sweet   It's   sour   and

➡ _____ !

2

this   sauce   lemon   Add

➡ _____ .

E 우리말과 같도록 빈칸에 알맞은 단어를 써서 문장을 완성하세요.

1 나는 **샐러드**를 만들고 있어요.

➡ I'm making a _____ .

2 **훌륭한 맛이 나요!**

➡ It _____s good!

3 **달고 셔요!**

➡ It's sweet and _____ !

> tip 'It's + 맛을 나타내는 형용사.'는 '맛이 ~해요.'라는 의미예요.

4 나는 **볶음밥**을 만들고 있어요.

➡ I'm making _____ _____ .

5 **소금과 설탕을 넣어요.**

➡ _____ salt and _____ .

나만의 문장 만들기   내가 만든 요리와 그 맛을 표현하는 문장을 완성해 보세요.

I'm making _____ . 나는 (음식 이름)을 만들고 있어요.

It's _____ . (맛)해요.

A 잘 듣고, 들려주는 순서대로 사진에 번호를 쓰세요. Track 11

B 잘 듣고, 알맞은 단어에 동그라미 하세요. Track 12

1

sugar　　salt

2

math　　art

3

fry　　rice

4

football　　basketball

C 우리말 뜻에 알맞은 영어 표현을 골라 ☑ 표 하세요.

1 훌륭한 맛이 나다 ☐ taste good ☐ smell good

2 재킷을 사다 ☐ buy a shirt ☐ buy a jacket

3 내 숙제를 하다 ☐ do my homework ☐ do my best

4 음악을 듣다 ☐ like music ☐ listen to music

5 숫자를 이해하다 ☐ understand numbers ☐ draw numbers

D 그림을 보고 알맞은 단어를 골라 동그라미 하세요.

1  My (clock / clerk) rings at 7 a.m.

2  I need a (medium / large) one.

3  I like doing math (contests / problems).

E 우리말과 같도록 빈칸에 알맞은 단어를 써서 문장을 완성하세요.

1 나는 거의 모든 스포츠를 좋아해요. ➡ I like _____ all sports.

2 나는 미술 대회에서 우승하고 싶어요. ➡ I want to win an art _____.

3 내가 가장 좋아하는 과목은 수학이에요. ➡ My _____ subject is math.

4 나는 정오에 점심을 먹어요. ➡ I eat lunch at _____.

5 나는 볶음밥을 만들고 있어요. ➡ I'm making _____ rice.

F 보기 에서 알맞은 단어를 골라 문장을 완성하세요.

보기	pay	Where	sauce	thirty	sour	from

1

Ⓐ _____ are you from?

Ⓑ I'm _____ Korea.

2

Ⓐ They are _____ dollars.

Ⓑ Okay, I'd like to _____ with cash.

3

Add this lemon _____.

It's sweet and _____!

Word Search

⭐ 문장을 읽고 빈칸에 들어갈 알맞은 단어를 보기 에서 찾아 쓰세요.

1 My favorite subject is _____.

2 I _____ home at 4 p.m.

3 I'd like to buy _____.

4 I go to Woori _____ School.

5 I like to draw _____.

6 My _____ rings at 7 a.m.

7 I go to _____ at 9 p.m.

8 My _____ is listening to music.

보기

come

clock

bed

art

hobby

nature

pants

Elementary

⭐ 보기 에 있는 8개의 단어를 찾아 동그라미 하세요.

w	g	c	a	c	e	s	t	o	m	E	r	p	c	E
i	p	o	d	c	x	h	j	o	p	b	n	s	l	l
n	v	m	q	s	g	o	d	d	l	s	d	g	o	e
a	e	e	u	v	p	b	M	d	g	i	v	b	c	m
t	b	q	d	r	i	b	u	j	c	x	s	r	k	e
u	q	M	f	n	a	y	u	r	E	g	h	j	l	n
r	w	r	t	s	u	a	r	t	c	t	x	v	g	t
e	q	w	g	g	h	j	k	l	x	c	d	a	t	a
r	w	E	t	g	f	b	e	d	d	l	e	w	t	r
e	s	e	h	p	a	n	t	s	e	q	p	r	t	y

Do You Like Camping?

① **bug** 벌레

② **moon** 달

③ **forest** 숲

④ **month** 달, 월

⑤ **camping** 캠핑

⑥ **grow** 자라다

⑦ **hunt** 찾다, 사냥하다

• hunt for ~을 찾아다니다

⑧ **bright** 밝은

⑨ **strong** 튼튼하게, 튼튼한

⑩ **once** 한 번

• once a month 한 달에 한 번

Do you like camping?

너는 캠핑을 좋아하니?

 Yes! I hunt for bugs in the forest.

응! 나는 숲에서 벌레들을 찾아다녀.

At night, I look at the bright moon.

밤에, 나는 밝은 달을 봐.

 I go hiking once a month.

나는 한 달에 한 번 하이킹을 가.

It makes me grow strong.

그것은 내가 튼튼하게 성장하도록 해 줘.

Word Quiz

밤 하늘에서 볼 수 있는 것은 무엇일까요?

◯ forest   ◯ moon   ◯ sun

Word Check

A 사진에 알맞은 단어를 골라 동그라미 하세요.

1
month

camping

2
moon

hunt

3
bug

bright

4
forest

strong

B 우리말 뜻과 같도록 보기 에서 알맞은 단어를 찾아 쓰세요.

| 보기 | strong | month | hunt | bug |

1 _____
찾다, 사냥하다

2 _____
달, 월

3 _____
튼튼하게, 튼튼한

4 _____
벌레

C 주어진 글자를 바르게 배열하여 우리말 뜻에 맞는 말을 완성하세요.

1   숲에서   in the _____   e s t o r f

2   밝은 달   the bright _____   n m o o

3   한 달에 한 번   _____ a month   e o c n

4   튼튼하게 성장하다 _____ strong   g w o r

Sentence Check

D 그림을 보고 알맞은 말을 골라 ☑ 표 하고 문장을 쓰세요.

1 I ☐ go camping ☐ go hiking .

➡ _____ .

2 I ☐ hunt for bugs ☐ look at the moon .

➡ _____ .

E 우리말과 같도록 빈칸에 알맞은 단어를 써서 문장을 완성하세요.

1 너는 **캠핑**을 좋아하니?

➡ Do you like _____?

2 그것은 내가 **튼튼하게** 성장하도록 해 줘.

➡ It makes me grow _____.

3 밤에, 나는 **밝은** 달을 봐.

➡ At night, I look at the _____ moon.

4 나는 한 **달**에 **한 번** 하이킹을 가.

➡ I go hiking _____ a _____.

> **TIP** go hiking은 '하이킹을 가다', go camping은 '캠핑을 가다'라는 뜻이에요.

5 나는 **숲**에서 벌레들을 **찾아다녀**.

➡ I _____ for bugs in the _____.

나만의 문장 만들기 좋아하는 야외 활동에 대해 묻고 답하는 문장을 완성해 보세요.

Do you like _____? 당신은 (야외 활동)을 좋아하나요?

Yes, I like to go _____. 네, 나는 (야외 활동)을 좋아해요.

DAY 7 May I Help You?

STEP 1 단어 알기   단어를 보고, 듣고, 큰 소리로 따라 읽으세요. Track 15

1st 2nd 3rd

① card
카드

② library 도서관

③ copy 복사하다

④ print
출력하다

⑤ press 누르다

⑥ insert 넣다

⑦ borrow 빌리다, 대여하다

⑧ may ~해도 되다

TIP May I ~?는 '내가 ~해도 될까요?'라는 의미로
상대방의 허락을 구하는 표현이에요.

⑨ again 한 번 더, 다시

⑩ ㉠ as well 또한, 역시

Welcome to our library.

우리 도서관에 오신 것을 환영해요.

May I help you?

제가 당신을 도와드려도 될까요?

 Yes, I'd like to copy this out.

네, 저는 이것을 복사하고 싶어요.

 Insert your library card here.

여기에 당신의 도서관 카드를 넣으세요.

Then, press this button.

그런 다음, 이 버튼을 누르세요.

You can print as well.

당신은 출력도 할 수 있어요.

 Thanks! May I borrow this book?

고마워요! 제가 이 책을 빌려도 될까요?

 Sure! Let me see your library card again.

물론이죠! 당신의 도서관 카드를 제게 한 번 더 보여 주세요.

Word Quiz

'빌리다'라는 뜻을 가진 단어는 무엇일까요?

◯ print
◯ copy
◯ borrow

Word Check

A 사진에 알맞은 단어를 보기 에서 골라 쓰세요.

보기   insert   card   library   press

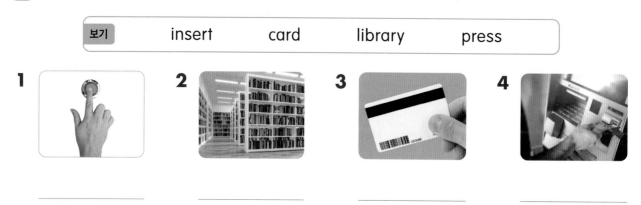

1 _____

2 _____

3 _____

4 _____

B 단어와 우리말 뜻을 선으로 연결하고, 빈칸에 단어를 쓰세요.

1 copy · · ~해도 되다 ➡ _____

2 may · · 복사하다 ➡ _____

3 print · · 한 번 더, 다시 ➡ _____

4 again · · 출력하다 ➡ _____

C 빈칸에 알맞은 글자를 써서 우리말 뜻에 맞는 말을 완성하세요.

1 버튼을 누르다   p_____ a button

2 도서관 카드   a l_____ card

3 또한, 역시   a____ w_____

4 책을 빌리다   b_____ a book

Sentence Check

D 그림을 보고 주어진 단어를 바르게 배열하여 문장을 쓰세요.

1

you　May　I　help

➡ _____ ?

2

here　card　your　Insert　library

➡ _____ .

E 우리말과 같도록 빈칸에 알맞은 단어를 써서 문장을 완성하세요.

1 제가 이 책을 **빌려도** 될까요?

➡ May I _____ this book?

2 당신은 **출력도** 할 수 있어요.

➡ You can _____ as well.

3 저는 이것을 **복사하고** 싶어요.

➡ I'd like to _____ this out.

4 우리 **도서관**에 오신 것을 환영해요.

➡ Welcome to our _____ .

5 당신의 도서관 **카드**를 제게 **한 번 더** 보여 주세요.

➡ Let me see your library _____ _____ .

나만의 문장 만들기 도서관에서 요청하고 이에 답하는 문장을 완성해 보세요.

May I _____ ? 내가 (부탁이나 요청)해도 될까요?

_____ ! 물론이죠!

Whose Shoe Is This?

1st 2nd 3rd
○ ○ ○

STEP 1 단어 알기 단어를 보고, 듣고, 큰 소리로 따라 읽으세요. Track 17

① shoe 신발

② file 파일

③ page 면, 쪽, 페이지

④ back 뒤쪽의, 뒤쪽

⑤ notebook 공책

⑥ office 사무실

⑦ bottom 바닥, 맨 아래

⑧ playground 놀이터

⑨ find 발견하다
- found: find의 과거형

⑩ whose (의문문에서) 누구의

Whose shoe is this?

이것은 누구의 신발이지?

I found it on the playground.

내가 놀이터에서 그것을 발견했어.

There's a name on the bottom. It's Emily's.

바닥에 이름이 있어. 에밀리의 것이야.

Whose file is this?

이것은 누구의 파일이지?

There is a notebook in it.

그 안에 공책이 있어.

I found it in the school office.

내가 학교 사무실에서 그것을 발견했어.

Look at the back page.

뒤쪽 면을 봐.

It's Ryan's.

라이언의 것이야.

 Word Quiz

find의 과거형은 무엇일까요?

 found   finded

Word Check

A 사진에 알맞은 단어를 골라 동그라미 하세요.

1 shoe / whose

2 back / page

3 file / notebook

4 office / playground

B 우리말 뜻과 같도록 보기 에서 알맞은 단어를 찾아 쓰세요.

보기 whose back notebook bottom

1 _____ 공책

2 _____ 누구의

3 _____ 바닥

4 _____ 뒤쪽의, 뒤쪽

C 주어진 글자를 바르게 배열하여 우리말 뜻에 맞는 말을 완성하세요.

1 뒤쪽 면 the back _____ a e p g

2 바닥에 on the _____ o o m t b t

3 내가 발견했어. I _____ it. f u o n d

4 학교 사무실 the school _____ c e i o f f

Sentence Check

D 그림을 보고 알맞은 말을 골라 ☑ 표 하고 문장을 쓰세요.

1 There's a name on the ☐ bottom ☐ back page .

➡ _____ .

2 Whose ☐ shoe ☐ notebook is this?

➡ _____ ?

E 우리말과 같도록 빈칸에 알맞은 단어를 써서 문장을 완성하세요.

1 이것은 **누구의** 신발이지?

➡ _____ shoe is this?

2 그 **안에** 공책이 있어.

➡ There is a _____ in it.

> **TIP** There is / There are은 '~(들)이 있다'라는 뜻으로, 이때 There은 '저기에'라고 해석하지 않아요.

3 이것은 누구의 **파일**이지?

➡ Whose _____ is this?

4 **뒤쪽 면**을 봐.

➡ Look at the _____ _____ .

5 내가 **놀이터**에서 그것을 **발견했어**.

➡ I _____ it on the _____ .

나만의 문장 만들기 누구의 물건인지 묻고 답하는 문장을 완성해 보세요.

Whose _____ is this? 이것은 누구의 (물건)인가요?

It's _____ . 그것은 (이름)의 것이에요.

This Is Our Living Room

STEP 1 단어 알기　단어를 보고, 듣고, 큰 소리로 따라 읽으세요. Track **19**

① sofa
소파

② table
탁자

③ shelf
선반

④ kitchen 부엌

⑤ living room 거실

⑥ talk 이야기하다

⑦ enjoy (음식을) 먹다, 즐기다

⑧ delicious 맛있는

⑨ above (~보다) 위에

⑩ below (~보다) 아래에

above ➡

⬅ below

This is our living room.

이곳이 우리 거실이에요.

There is a small shelf below the television.

텔레비전 아래에 작은 선반이 있어요.

We talk with each other on the sofa.

우리는 소파에서 서로 이야기해요.

This is our kitchen.

이곳이 우리 부엌이에요.

There is a light above the table.

탁자 위에 전등이 있어요.

We cook and enjoy delicious food.

우리는 맛있는 음식을 요리하고 먹어요.

Word Quiz

가구에 포함되지 <u>않는</u>
단어는 무엇일까요?

○ shelf
○ kitchen
○ sofa

Word Check

A 사진에 알맞은 단어를 보기 에서 골라 쓰세요.

보기   shelf   kitchen   talk   sofa

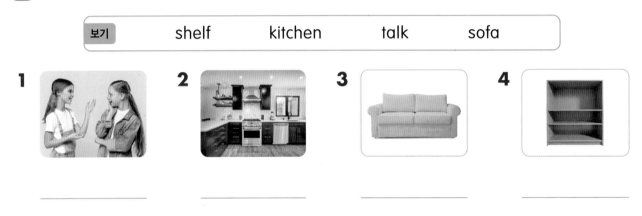

1 _____

2 _____

3 _____

4 _____

B 단어와 우리말 뜻을 선으로 연결하고, 빈칸에 단어를 쓰세요.

1	below	•	•	맛있는	➡	_____
2	enjoy	•	•	(~보다) 아래에	➡	_____
3	table	•	•	(음식을) 먹다	➡	_____
4	delicious	•	•	탁자	➡	_____

C 빈칸에 알맞은 글자를 써서 우리말 뜻에 맞는 말을 완성하세요.

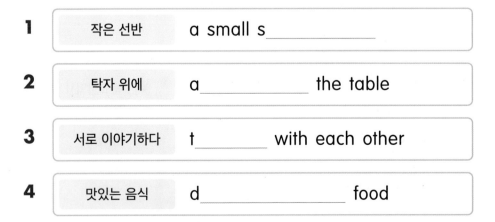

1 작은 선반   a small s_____

2 탁자 위에   a_____ the table

3 서로 이야기하다   t_____ with each other

4 맛있는 음식   d_____ food

Sentence Check

D 그림을 보고 주어진 단어를 바르게 배열하여 문장을 쓰세요.

1   our   is   living room   This

➡ _____ .

2   delicious   We   cook   food

➡ _____ .

E 우리말과 같도록 빈칸에 알맞은 단어를 써서 문장을 완성하세요.

1 이곳이 우리 **부엌**이에요.

➡ This is our _____ .

2 텔레비전 **아래에** 작은 **선반**이 있어요.

➡ There is a small _____ _____ the television.

3 우리는 맛있는 음식을 요리하고 **먹어요**.

➡ We cook and _____ delicious food.

4 **탁자 위에** 전등이 있어요.

➡ There is a light _____ the _____ .

5 우리는 소파에서 서로 **이야기해요**.

➡ We _____ with each other on the _____ .

나만의 문장 만들기 우리 집 거실을 묘사하는 문장을 완성해 보세요.

This is our _____ . 여기가 우리 거실이에요.

There is _____ _____ .

(물건)의 (위에 / 아래에)에 (물건)이 있어요.

I Live in a House in the Countryside

① house 주택, 집

② store 가게, 상점

③ hill 언덕

④ city 도시

⑤ countryside 시골

⑥ street 길

⑦ crowd 사람들, 무리

- big crowds 많은 사람들

⑧ apartment 아파트

⑨ live 살다, 거주하다

⑩ along ~을 따라

 I **live** in a **house** in the **countryside**.

나는 시골에 있는 주택에 살아요.

My house is on a hill.

내 집은 언덕 위에 있어요.

There are many flowers on the hill.

언덕 위에는 꽃이 많아요.

 I live in an **apartment** in the **city**.

나는 도시에 있는 아파트에 살아요.

There are many stores along the streets.

길을 따라 많은 가게가 있어요.

There are big crowds.

사람들이 많아요.

Word Quiz

'물건을 파는 곳'을 가리키는 단어는 무엇일까요?

◯ house   ◯ store

Word Check

A 사진에 알맞은 단어를 골라 동그라미 하세요.

1 apartment / house

2  countryside / city

3 store / street

4 hill / crowd

B 우리말 뜻과 같도록 보기 에서 알맞은 단어를 찾아 쓰세요.

보기   live   countryside   street   hill

1 _____
길

2 _____
시골

3 _____
살다, 거주하다

4 _____
언덕

C 주어진 글자를 바르게 배열하여 우리말 뜻에 맞는 말을 완성하세요.

1 도시에   in the _____   y i c t

2 길을 따라   _____ the streets   l o a n g

3 아파트에   in an _____   a r t m n e t p a

4 많은 사람들   big _____s   d c w r o

Sentence Check

D 그림을 보고 알맞은 말을 골라 ☑ 표 하고 문장을 쓰세요.

1 I live in the ☐ city ☐ countryside .

➡ _____ .

2 My house is ☐ on a hill ☐ along the streets .

➡ _____ .

E 우리말과 같도록 빈칸에 알맞은 단어를 써서 문장을 완성하세요.

1 길을 따라 많은 가게가 있어요.

➡ There are many stores along the _____s.

2 나는 **시골**에 있는 주택에 살아요.

➡ I live in a house in the _____ .

> **TIP** I live in ~.은 '나는 ~에 살아요.'라는 의미로 전치사 in 다음에는 장소를 나타내는 말이 나와요.

3 **언덕** 위에는 꽃이 많아요.

➡ There are many flowers on the _____ .

4 **사람들**이 많아요.

➡ There are big _____s.

5 나는 **도시**에 있는 아파트에 **살아요**.

➡ I _____ in an apartment in the _____ .

나만의 문장 만들기 내가 사는 곳을 묘사하는 문장을 완성해 보세요.

> I live in _____ in _____ 나는 (시골 / 도시)에 있는 (주택 / 아파트)에 살아요.
>
> There are many _____ . 많은 (자연환경이나 건물)이 있어요.

A 잘 듣고, 들려주는 순서대로 사진에 번호를 쓰세요. Track 23

B 잘 듣고, 알맞은 단어에 동그라미 하세요. Track 24

1

press　　　print

2

countryside　　　city

3

living room　　　kitchen

4

office　　　playground

C 우리말 뜻에 알맞은 표현을 골라 선으로 연결하세요.

1 맛있는 음식 •   • borrow a book

2 길을 따라 •   • delicious food

3 탁자 위에 •   • along the streets

4 서로 이야기하다 •   • talk with each other

5 책을 빌리다 •   • above the table

D 그림을 보고 알맞은 단어를 골라 동그라미 하세요.

1  My house is on a (hill / city).

2  I (grow / hunt) for bugs in the forest.

3  (Copy / Insert) your (library / camping) card here.

E 우리말과 같도록 빈칸에 알맞은 단어를 써서 문장을 완성하세요.

1 밤에, 나는 밝은 달을 봐. ➡ At night, I look at the _____ moon.

2 뒤쪽 면을 봐. ➡ Look at the _____ page.

3 제가 당신을 도와드려도 될까요? ➡ _____ I help you?

4 이것은 누구의 파일이지? ➡ _____ file is this?

5 당신의 도서관 카드를 제게 한 번 더 보여 주세요. ➡ Let me see your library card _____.

F 보기 에서 알맞은 단어를 골라 문장을 완성하세요.

보기	bottom	live	shoe	once	apartments	strong

1

I go hiking _____ a month.

It makes me grow _____.

2

I _____ in the city.

There are many _____.

3

Ⓐ Whose _____ is this?

Ⓑ There's a name on the _____.

Ladder Game

⭐ 그림이 뜻하는 단어를 힌트 에서 찾아 사다리를 타고 내려 간 문장의 빈칸에 쓰세요.

1. I hunt for bugs in the _____.

2. There is a _____.

3. There are big _____s.

4. I _____ delicious food.

5. I'd like to _____ this out.

6. This is our _____.

7. There is a _____ below the television.

힌트

print

kitchen

shelf

notebook

forest

enjoy

crowd

It's Boring to Stay Home

STEP 1 **단어 알기** 단어를 보고, 듣고, 큰 소리로 따라 읽으세요. Track 25

① **movie** 영화

② **horror** 공포

③ **weekend** 주말

④ **grandparents** 조부모님

grandmother
할머니

grandfather
할아버지

⑤ **watch** 보다

• watch a movie 영화를 보다

⑥ **visit** 방문하다

⑦ **stay** 계속 있다, 머무르다

⑧ **miss** 보고 싶어 하다, 그리워하다

⑨ **far** 멀리

⑩ **boring** 지루한

I want to watch a movie this weekend.

나는 이번 주말에 영화를 보고 싶어요.

I like horror movies.

나는 공포 영화를 좋아해요.

It's boring to stay home.

집에 계속 있는 것은 지루해요.

I want to visit my grandparents.

나는 조부모님을 방문하고 싶어요.

They live far away from here.

그분들은 여기서 멀리 떨어져 사셔요.

Word Quiz

grandmother와 grandfather를
포함하는 단어는 무엇일까요?

◯ parents
◯ grandparents

I miss them so much!

나는 그분들이 너무 보고 싶어요!

Word Check

A 사진에 알맞은 단어를 보기 에서 골라 쓰세요.

보기   movie   grandparents   far   boring

1

_____

2

_____

3

_____

4

_____

B 단어와 우리말 뜻을 선으로 연결하고, 빈칸에 단어를 쓰세요.

1 watch ·   · 계속 있다   ➡ _____

2 horror ·   · 보고 싶어 하다   ➡ _____

3 miss ·   · 공포   ➡ _____

4 stay ·   · 보다   ➡ _____

C 빈칸에 알맞은 글자를 써서 우리말 뜻에 맞는 말을 완성하세요.

1 방문하고 싶다   want to v_____

2 이번 주말   this w_____

3 집에 계속 있다   s_____ home

4 멀리 떨어져   f_____ away

Sentence Check

D 그림을 보고 주어진 단어를 바르게 배열하여 문장을 쓰세요.

1

my   I   want   grandparents   to   visit

➡ _____ .

2

movies   I   horror   like

➡ _____ .

E 우리말과 같도록 빈칸에 알맞은 단어를 써서 문장을 완성하세요.

1 나는 그분들이 너무 **보고 싶어요**!

➡ I _____ them so much!

2 집에 계속 있는 것은 **지루해요**.

➡ It's _____ to _____ home.

3 나는 이번 주말에 영화를 **보고 싶어요**.

➡ I want to _____ a movie this weekend.

4 그분들은 여기서 **멀리** 떨어져 사셔요.

➡ They live _____ away from here.

5 나는 **공포 영화**를 좋아해요.

➡ I like _____ _____ s.

나만의 문장 만들기 주말에 하고 싶은 일에 대한 문장을 완성해 보세요.

I want to _____ this weekend. 나는 이번 주말에 (활동)을 하고 싶어요.

It's _____ to stay home. 집에 계속 있는 것은 지루해요.

I Sometimes Go to the Cinema

STEP 1 단어 알기 단어를 보고, 듣고, 큰 소리로 따라 읽으세요. Track 27

① bike 자전거

② cinema 영화관

③ comedy 코미디

• comedies: comedy의 복수형

④ adventure 모험

⑤ free 자유로운, 한가한

• free time 자유 시간

⑥ ride (자전거 등을) 타다

⑦ bake 굽다

⑧ dance 춤추다

⑨ practice 연습하다

⑩ sometimes 가끔

What do you do in your free time?

여러분은 자유 시간에 무엇을 하나요?

 I ride a bike.

저는 자전거를 타요.

I sometimes go to the cinema.

저는 가끔 영화관에 가요. (영화를 보러 가요.)

I like to watch comedies and adventures.

저는 코미디와 모험 영화 보기를 좋아해요.

 I like to dance.

저는 춤추는 것을 좋아해요.

So I practice dancing.

그래서 저는 춤을 연습해요.

I sometimes bake some bread.

저는 가끔 빵을 좀 구워요.

Word Quiz

어떤 일을 '한 달에 한 번 정도'의 빈도로 한다면 어떻게 표현할까요?

○ always
○ sometimes
○ never

Word Check

A 사진에 알맞은 단어를 골라 동그라미 하세요.

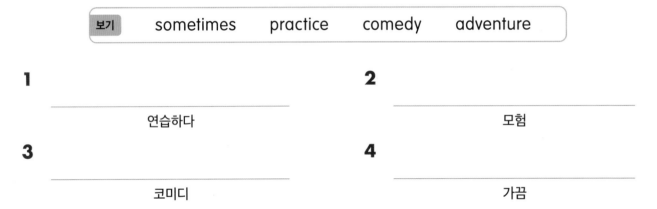

1   comedy / bike

2   bake / free

3   dance / ride

4   adventure / cinema

B 우리말 뜻과 같도록 보기 에서 알맞은 단어를 찾아 쓰세요.

> 보기   sometimes   practice   comedy   adventure

1 _____
연습하다

2 _____
모험

3 _____
코미디

4 _____
가끔

C 주어진 글자를 바르게 배열하여 우리말 뜻에 맞는 말을 완성하세요.

1 | 자유 시간 | _____ time | f e e r |

2 | 빵을 좀 굽다 | _____ some bread | a e k b |

3 | 자전거를 타다 | _____ a bike | e i r d |

4 | 춤을 연습하다 | _____ dancing | e r a t p i c c |

Sentence Check

D 그림을 보고 알맞은 말을 골라 ☑ 표 하고 문장을 쓰세요.

1

I ☐ ride a bike ☐ bake some bread .

➡ _____ .

2

I like to ☐ go to the cinema ☐ dance .

➡ _____ .

E 우리말과 같도록 빈칸에 알맞은 단어를 써서 문장을 완성하세요.

1 저는 자전거를 **타요**.

➡ I _____ a bike.

2 여러분은 **자유** 시간에 무엇을 하나요?

➡ What do you do in your _____ time?

3 그래서 저는 춤을 **연습해요**.

➡ So I _____ dancing.

4 저는 **가끔** 빵을 좀 구워요.

➡ I _____ bake some bread.

5 저는 코미디와 **모험** 영화 보기를 좋아해요.

➡ I like to watch comedies and _____ s.

나만의 문장 만들기 여가 활동에 대해 묻고 답하는 문장을 완성해 보세요.

What do you do in your _____ ? 당신은 **자유 시간**에 무엇을 하나요?

I _____ . 나는 (활동)을 해요.

STEP 1 단어 알기 단어를 보고, 듣고, 큰 소리로 따라 읽으세요. Track 29

1 kid 아이

2 story 이야기
- stories: story의 복수형

3 fire 불

4 firefighter 소방관

5 people 사람들

6 dentist 치과 의사

7 write 쓰다

8 save 구하다

9 examine 검사하다

10 구 **put out** (불을) 끄다

Amy is a writer.

에이미는 작가예요.

She writes stories for kids.

그녀는 아이들을 위한 이야기를 써요.

Dan is a firefighter.

댄은 소방관이에요.

He puts out fires to save people.

그는 사람들을 구하기 위해 불을 꺼요.

Lina is a dentist.

리나는 치과 의사예요.

She examines people's teeth.

그녀는 사람들의 치아를 검사해요.

Word Quiz

'직업'을 나타내는 말이 아닌 것은 무엇일까요?

○ dentist
○ firefighter
○ write

Word Check

A 사진에 알맞은 단어를 보기 에서 골라 쓰세요.

보기　　kid　　　fire　　　dentist　　　firefighter

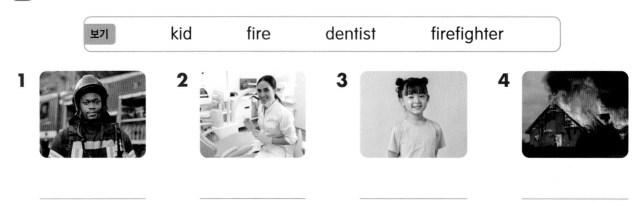

1 _____

2 _____

3 _____

4 _____

B 단어와 우리말 뜻을 선으로 연결하고, 빈칸에 단어를 쓰세요.

1	story		검사하다	➡ _____
2	write		사람들	➡ _____
3	people		쓰다	➡ _____
4	examine		이야기	➡ _____

C 빈칸에 알맞은 글자를 써서 우리말 뜻에 맞는 말을 완성하세요.

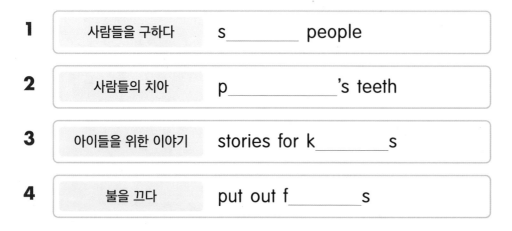

1 사람들을 구하다　　s_____ people

2 사람들의 치아　　p_____'s teeth

3 아이들을 위한 이야기　　stories for k_____s

4 불을 끄다　　put out f_____s

Sentence Check

D 그림을 보고 주어진 단어를 바르게 배열하여 문장을 쓰세요.

1

firefighter   is   She   a

➡ _____.

2

examines   kid's   He   teeth   a

➡ _____.

E 우리말과 같도록 빈칸에 알맞은 단어를 써서 문장을 완성하세요.

1 댄은 **소방관**이에요.

➡ Dan is a _____.

2 리나는 **치과 의사**예요.

➡ Lina is a _____.

3 그녀는 **아이들**을 위한 **이야기**를 써요.

➡ She _____s stories for _____s.

4 그녀는 사람들의 치아를 **검사해요**.

➡ She _____s people's teeth.

5 그는 사람들을 구하기 위해 불을 **꺼요**.

➡ He _____s _____ fires to save people.

나만의 문장 만들기 직업을 소개하는 문장을 완성해 보세요.

_____ is a(n) _____. (이름)은 (직업)예요.

_____. (그 / 그녀)는 (하는 일)을 해요.

What Will You Do This Summer?

STEP 1 단어 알기 단어를 보고, 듣고, 큰 소리로 따라 읽으세요. Track 31

① **war** 전쟁

② **history** 역사

③ **summer** 여름

④ **lesson** 강습, 수업

⑤ **healthy** 건강한

⑥ **deep** 깊은

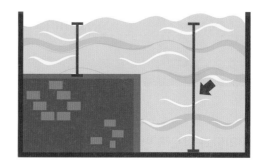

⑦ **read** 읽다

⑧ **choose** 고르다
  • chose: choose의 과거형

⑨ **also** 또한, ~도

⑩ **already** 이미, 벌써

What will you do this summer?

너는 이번 여름에 무엇을 할 거니?

 I will take swimming lessons.

나는 수영 강습을 받을 거야.

I want to swim in deep water.

나는 깊은 물에서 수영하고 싶어.

I also want to be healthy.

나는 또한 건강해지고 싶어.

 I will read some history books.

나는 역사 책을 좀 읽을 거야.

I already chose what to read.

나는 이미 무엇을 읽을지 골랐어.

One book is about wars of the world.

한 책은 세계의 전쟁들에 관한 거야.

 Word Quiz

choose의 과거형으로 알맞은
것은 무엇일까요?

◯ choosed
◯ chose

Word Check

A 사진에 알맞은 단어를 골라 동그라미 하세요.

1

world

war

2

read

choose

3

lesson

summer

4

already

deep

B 우리말 뜻과 같도록 보기 에서 알맞은 단어를 찾아 쓰세요.

보기   also   healthy   choose   already

1 _____
건강한

2 _____
이미, 벌써

3 _____
고르다

4 _____
또한, ~도

C 주어진 글자를 바르게 배열하여 우리말 뜻에 맞는 말을 완성하세요.

1 | 이번 여름 | this _____ | e m r s u m |

2 | 깊은 물 | _____ water | e p d e |

3 | 역사 책 | _____ books | y r o i s h t |

4 | 수영 강습 | swimming _____ s | s e o l s n |

Sentence Check

D 그림을 보고 알맞은 말을 골라 ☑ 표 하고 문장을 쓰세요.

1 I will ☐ swim in deep water ☐ read a book .

➡ _____ .

2 I want to ☐ be healthy ☐ take swimming lessons .

➡ _____ .

E 우리말과 같도록 빈칸에 알맞은 단어를 써서 문장을 완성하세요.

> **TIP** will은 '~할 것이다'라는 의미로 미래의 계획을 말할 때 사용해요. will 다음에는 동사원형을 써요.

1 너는 이번 **여름**에 무엇을 할 거니?

➡ What will you do this _____ ?

2 나는 **역사** 책을 좀 읽을 거야.

➡ I will read some _____ books.

3 한 책은 세계의 **전쟁**들에 관한 거야.

➡ One book is about _____s of the world.

4 나는 **또한 건강해지고** 싶어.

➡ I _____ want to be _____ .

5 나는 **이미** 무엇을 읽을지 **골랐어**.

➡ I _____ _____ what to read.

나만의 문장 만들기 여름 방학 계획을 묻고 답하는 문장을 완성해 보세요.

What will you do this _____ ? 당신은 이번 여름에 무엇을 할 건가요?

I will _____ . 나는 (활동)을 할 거예요.

We Go to Busan by Airplane

STEP 1 단어 알기 단어를 보고, 듣고, 큰 소리로 따라 읽으세요. Track 33

① bus 버스

② taxi 택시

③ airplane 비행기

④ subway 지하철

⑤ ticket 표, 티켓
- airline ticket 비행기 표

⑥ tour 관광, 여행
- city tour 도시 관광

⑦ airport 공항

⑧ restaurant 식당

⑨ forget 잊다

⑩ famous 유명한

We go to Busan by airplane.

우리는 비행기를 타고 부산에 가요.

We go in a taxi to the airport.

우리는 공항까지 택시를 타고 가요.

Don't forget to bring our airline tickets!

잊지 말고 우리 비행기 표를 가져와요!

We visit a famous restaurant there.

우리는 그곳에 있는 유명한 식당을 방문해요.

We get there by subway.

우리는 그곳까지 지하철을 타고 가요.

Then, we take a city tour by bus.

그런 다음, 우리는 버스를 타고 도시 관광을 해요.

Word Quiz

교통수단을 나타내는 표현이
아닌 것은 무엇일까요?

◯ by bus
◯ to the airport
◯ by subway

Word Check

A 사진에 알맞은 단어를 보기 에서 골라 쓰세요.

| 보기 | taxi | airplane | bus | subway |

1

2

3

4

_____ _____ _____ _____

B 단어와 우리말 뜻을 선으로 연결하고, 빈칸에 단어를 쓰세요.

1 forget · · 공항 ➡ _____

2 ticket · · 표, 티켓 ➡ _____

3 famous · · 잊다 ➡ _____

4 airport · · 유명한 ➡ _____

C 빈칸에 알맞은 글자를 써서 우리말 뜻에 맞는 말을 완성하세요.

1 지하철을 타고   by s_____

2 비행기를 타고   by a_____

3 비행기 표   an airline t_____

4 유명한 식당   a famous r_____

Sentence Check

D 그림을 보고 주어진 단어를 바르게 배열하여 문장을 쓰세요.

1

tour   take   a   We   by   bus   city

➡ _____ .

2

a   We   go   the   airport   in   to   taxi

➡ _____ .

E 우리말과 같도록 빈칸에 알맞은 단어를 써서 문장을 완성하세요.

1 우리는 그곳까지 **지하철**을 타고 가요.

➡ We get there by _____ .

> **TIP** 'by + 탈 것'은 '~을 타고' 라는 의미로 교통수단을 나타 내는 표현이에요.

2 우리는 **비행기**를 타고 부산에 가요.

➡ We go to Busan by _____ .

3 우리는 그곳에 있는 **유명한** 식당을 방문해요.

➡ We visit a _____ restaurant there.

4 **잊지** 말고 우리 비행기 표를 가져와요!

➡ Don't _____ to bring our airline tickets!

5 우리는 **공항**까지 택시를 타고 가요.

➡ We go in a taxi to the _____ .

나만의 문장 만들기 교통수단에 대해 설명하는 문장을 완성해 보세요.

We go to _____ by _____ .

우리는 (교통수단)을 타고 (장소)에 가요.

A 잘 듣고, 들려주는 순서대로 사진에 번호를 쓰세요. Track 35

B 잘 듣고, 알맞은 단어에 동그라미 하세요. Track 36

1

airplane

bus

2

write

read

3

dentist

firefighter

4

dance

ride

C 우리말 뜻에 알맞은 영어 표현을 골라 ☑ 표 하세요.

1 멀리 떨어져 ☐ far away ☐ from here

2 자유 시간 ☐ boring time ☐ free time

3 이야기를 쓰다 ☐ write stories ☐ examines stories

4 깊은 물 ☐ healthy water ☐ deep water

5 이번 주말 ☐ this weekend ☐ this summer

D 그림을 보고 알맞은 단어를 골라 동그라미 하세요.

1

I will (swim / read) some history books.

2

We take a city (tour / restaurant) by (subway / bus).

3

She (writes / puts out) fires to (save / examine) people.

E 우리말과 같도록 빈칸에 알맞은 단어를 써서 문장을 완성하세요.

1 집에 계속 있는 것은 지루해요. ➡ It's _____ to stay home.

2 저는 가끔 영화관에 가요. ➡ I _____ go to the cinema.

3 나는 그분들이 너무 보고 싶어요! ➡ I _____ them so much!

4 나는 이미 무엇을 읽을지 골랐어. ➡ I _____ chose what to read.

5 우리는 그곳에 있는 유명한 식당을 방문해요. ➡ We visit a _____ restaurant there.

F 보기 에서 알맞은 단어를 골라 문장을 완성하세요.

보기   free   practice   horror   examines   dance   dentist

1 He is a _____.

He _____ people's teeth.

2 A What do you do in your _____ time?

B I watch _____ movies.

3 I like to _____.

So I _____ dancing.

Crossword Puzzle

⭐ 문장을 읽고 알맞은 단어를 찾아 퍼즐을 완성하세요.

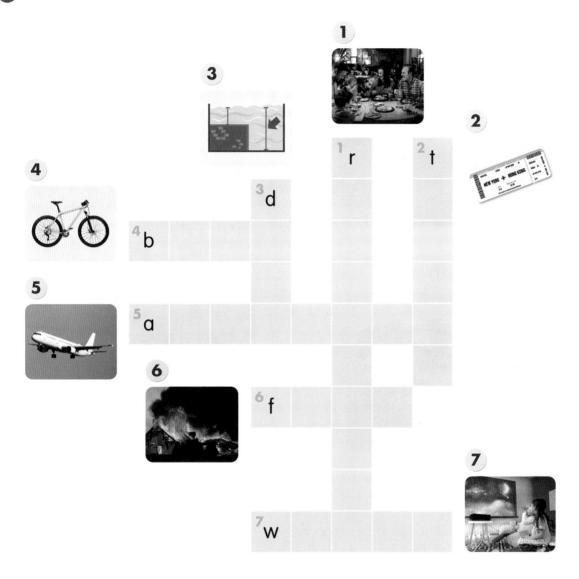

Down ⬇

1 We visit a famous _____.

2 Don't forget to bring your airline _____.

3 I want to swim in _____ water.

Across ➡

4 I ride a _____.

5 We go to Busan by _____.

6 Firefighters put out _____s.

7 I like to _____ a movie.

STEP 1 단어 알기 단어를 보고, 듣고, 큰 소리로 따라 읽으세요. Track 37

1st 2nd 3rd

① **pilot** 조종사, 파일럿

② **country** 나라, 국가

• countries: country의 복수형

③ **culture** 문화

④ **future** 미래, 장래

⑤ **error** 오류

⑥ **engineer** 기사, 엔지니어

• computer engineer 컴퓨터 기사

⑦ **fly** (비행기를) 조종하다, 날리다, 날다

⑧ **fix** 고치다, 수리하다

• fix errors 오류를 고치다

⑨ **travel** 여행하다

⑩ **learn** 배우다

What do you want to be in the future?

여러분은 미래에 어떤 사람이 되고 싶나요?

 I want to be a tour guide.

저는 여행 가이드가 되고 싶어요.

I'll travel to many countries.

저는 여러 나라들을 여행할 거예요.

I want to learn their cultures.

저는 그들의 문화를 배우고 싶어요.

 I want to be a pilot.

저는 조종사가 되고 싶어요.

I want to fly a plane.

저는 비행기를 조종하고 싶어요.

 I want to be a computer engineer.

저는 컴퓨터 기사가 되고 싶어요.

I'll fix some errors in programs.

저는 프로그램의 몇몇 오류를 고칠 거예요.

Word Quiz

'비행기를 조종하는 사람'
은 누구인가요?

◯ pilot
◯ engineer
◯ tour guide

Word Check

A 사진에 알맞은 단어를 골라 동그라미 하세요.

1

fix

fly

2

pilot

culture

3

country

future

4

error

engineer

B 우리말 뜻과 같도록 보기 에서 알맞은 단어를 찾아 쓰세요.

보기   engineer   learn   culture   travel

1

_____
배우다

2

_____
기사, 엔지니어

3

_____
여행하다

4

_____
문화

C 주어진 글자를 바르게 배열하여 우리말 뜻에 맞는 말을 완성하세요.

1 | 비행기를 조종하다 | _____ a plane | y f l

2 | 미래에 | in the _____ | u f u r e t

3 | 오류를 고치다 | fix _____ s | r o e r r

4 | 여러 나라들 | many _____ | r s e i u c o n t

Sentence Check

D 그림을 보고 알맞은 말을 골라 ☑ 표 하고 문장을 쓰세요.

1 I want to be a ☐ pilot ☐ tour guide .

➡ _____ .

2 I'll ☐ fix some errors ☐ fly a plane in programs.

➡ _____ .

E 우리말과 같도록 빈칸에 알맞은 단어를 써서 문장을 완성하세요.

1 여러분은 **미래**에 어떤 사람이 되고 싶나요?

➡ What do you want to be in the _____?

2 저는 그들의 **문화**를 배우고 싶어요.

➡ I want to learn their _____s.

3 저는 여러 나라들을 **여행**할 거예요.

➡ I'll _____ to many countries.

4 저는 비행기를 **조종하**고 싶어요.

➡ I want to _____ a plane.

5 저는 컴퓨터 **기사**가 되고 싶어요.

➡ I want to be a computer _____.

나만의 문장 만들기 장래 희망에 대해 묻고 답하는 문장을 완성해 보세요.

What do you want to be in the _____? 당신은 (미래)에 어떤 사람이 되고 싶나요?

I want to be a(n) _____. 나는 (장래 희망)이 되고 싶어요.

Jeju Island Is a Beautiful Island

STEP 1 단어 알기 단어를 보고, 듣고, 큰 소리로 따라 읽으세요. Track 39

1st 2nd 3rd
○ ○ ○

① **plan** 계획

② **winter** 겨울

③ **garden** 정원
  • flower garden 꽃밭, 화원

④ **island** 섬
Tip '제주도'에서 '도'는 '섬'을 뜻해요. 그래서 영어로 Jeju Island라고 표현해요.

⑤ **heaven** 천국, 낙원

⑥ **mountain** 산
Tip Jeju Island(제주도), Halla Mountain (한라산)과 같이 고유한 장소를 나타내는 말은 단어의 첫 글자를 대문자로 써요.

⑦ **holiday** 휴가, 휴일

⑧ **cover** 덮다
  • be covered with ~로 뒤덮이다

⑨ **feel** 느끼다, ~한 기분이 들다

⑩ **beautiful** 아름다운

Jeju Island is a beautiful island in Korea.

제주도는 한국에 있는 아름다운 섬이에요.

Halla Mountain is on Jeju Island.

한라산은 제주도에 있어요.

In winter, it's covered with snow.

겨울에, 그곳은 눈으로 뒤덮여요.

There are many flower gardens on Jeju Island.

제주도에는 많은 꽃밭이 있어요.

Do you have any plans for your holiday?

당신은 당신의 휴가를 위한 어떤 계획이 있나요?

Visit Jeju Island! You might feel like it's heaven!

제주도로 오세요! 당신은 아마 이곳이 천국이라 느낄 거예요!

Word Quiz

'사방이 물로 둘러싸인 땅'을 무엇이라고 하나요?

◯ garden ◯ heaven ◯ island

Word Check

A 사진에 알맞은 단어를 보기 에서 골라 쓰세요.

보기   island   garden   winter   mountain

1 _____

2 _____

3 _____

4 _____

B 단어와 우리말 뜻을 선으로 연결하고, 빈칸에 단어를 쓰세요.

1	feel	•	•	덮다	➡	_____
2	heaven	•	•	휴가	➡	_____
3	holiday	•	•	느끼다	➡	_____
4	cover	•	•	천국	➡	_____

C 빈칸에 알맞은 글자를 써서 우리말 뜻에 맞는 말을 완성하세요.

1 많은 꽃밭   many flower g_____s

2 겨울에   in w_____

3 아름다운 섬   a b_____ island

4 한라산   Halla M_____

Sentence Check

D 그림을 보고 주어진 단어를 바르게 배열하여 문장을 쓰세요.

1

with   In   it's   snow   winter,   covered

➡ _____ .

2

are   There   gardens   many   flower

➡ _____ .

E 우리말과 같도록 빈칸에 알맞은 단어를 써서 문장을 완성하세요.

1 당신은 당신의 **휴가**를 위한 어떤 계획이 있나요?

➡ Do you have any plans for your _____?

2 제주도는 한국에 있는 아름다운 **섬**이에요.

➡ Jeju Island is a beautiful _____ in Korea.

3 제주도에는 많은 꽃**밭**이 있어요.

➡ There are many flower _____s on Jeju Island.

4 당신은 아마 이곳이 **천국**이라 느낄 거예요!

➡ You might _____ like it's _____!

5 겨울에, 그곳은 눈으로 **뒤덮여요**.

➡ In winter, it's _____ed with snow.

나만의 문장 만들기   제주도에 대해 묘사하는 문장을 완성해 보세요.

There is(are) _____ on Jeju Island.

제주도에는 (명소)가 있어요.

DAY 18 I Have Long Straight Hair

① **skin** 피부

② **glasses** 안경

③ **dark** 어두운

④ **oval** 타원형의, 타원형

⑤ **close** 친한, 가까운

⑥ **thin** 얇은

⑦ **thick** 두꺼운

 thin thick

⑧ **blond** 금발인

⑨ **straight** 곧은

• straight hair 생머리

⑩ **different** 다른

I have long straight hair.

나는 길고 곧은 머리를 가졌어요.(나는 긴 생머리예요.)

Emma has short blond hair.

엠마는 짧은 금발 머리예요.

I have thin eyebrows, and she has thick ones.

나는 얇은 눈썹을 가졌지만, 그녀의 것은 두꺼워요.

She has an oval face, but I don't.

그녀는 타원형의 얼굴이지만, 나는 아니에요.

I have dark skin, but she doesn't.

나는 어두운 피부를 가졌지만, 그녀는 아니에요.

She wears glasses, but I don't.

그녀는 안경을 쓰지만, 나는 그렇지 않아요.

We're different, but we're close friends!

우리는 다르지만, 친한 친구예요!

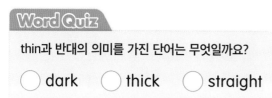

Word Quiz

thin과 반대의 의미를 가진 단어는 무엇일까요?

◯ dark ◯ thick ◯ straight

Word Check

A 사진에 알맞은 단어를 골라 동그라미 하세요.

1

oval

circle

2

dark

blond

3

straight

different

4

thin

thick

B 우리말 뜻과 같도록 보기 에서 알맞은 단어를 찾아 쓰세요.

보기   different   thick   dark   skin

1

_____
피부

2

_____
다른

3

_____
두꺼운

4

_____
어두운

C 주어진 글자를 바르게 배열하여 우리말 뜻에 맞는 말을 완성하세요.

1   친한 친구   _____ friends   o s l e c

2   얇은 눈썹   _____ eyebrows   i h t n

3   안경을 쓰다   wear _____   a s s g l e s

4   생머리   _____ hair   i g s r t a t h

Sentence Check

D 그림을 보고 알맞은 말을 골라 ☑ 표 하고 문장을 쓰세요.

1 I have ☐ close ☐ thick eyebrows.

➡ _____.

2 She has long ☐ straight ☐ blond hair.

➡ _____.

E 우리말과 같도록 빈칸에 알맞은 단어를 써서 문장을 완성하세요.

1 그녀는 **타원형의** 얼굴이지만, 나는 아니에요.

➡ She has an _____ face, but I don't.

2 나는 **어두운** 피부를 가졌지만, 그녀는 아니에요.

➡ I have _____ skin, but she doesn't.

3 우리는 **다르지만**, 친한 친구예요!

➡ We're _____, but we're close friends!

4 그녀는 **안경을** 쓰지만, 나는 그렇지 않아요.

➡ She wears _____, but I don't.

5 엠마는 짧은 **금발** 머리예요.

➡ Emma has short _____ hair.

나만의 문장 만들기 나의 외모를 묘사하는 문장을 완성해 보세요.

I have _____ hair. 나는 (머리 모양)을 가졌어요.

I have a(n) _____ face. 나는 (얼굴형)을 가졌어요.

DAY 19 Come and Visit Our City Market

① **park** 공원

② **lake** 호수

③ **market** 시장

④ **cheese** 치즈

⑤ **type** 종류, 유형

⑥ **bridge** 다리, 가교

⑦ **hospital** 병원

⑧ **over** ~ 위에

⑨ **front** 앞쪽
- in front of ~의 앞에

⑩ **between** 사이에
- between A and B A와 B 사이에

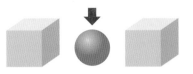

STEP 2 **문장 속 단어 이해하기** 문장을 듣고, 단어를 따라 쓰세요. Track 44

Come and visit our city market.

우리 도시에 있는 시장에 방문하러 와 보세요.

It's between the library and the hospital.

그곳은 도서관과 병원 사이에 있어요.

You can try many types of cheese there.

당신은 그곳에서 여러 종류의 치즈를 맛볼 수 있어요.

Visit our city park.

우리 도시에 있는 공원에 방문해 보세요.

It's in front of the market.

그곳은 시장 앞에 있어요.

There's a beautiful bridge over the lake.

호수 위에는 아름다운 다리가 있어요.

Word Quiz

'장소'에 해당하지 않는 단어는 무엇일까요?

- ◯ library
- ◯ hospital
- ◯ type

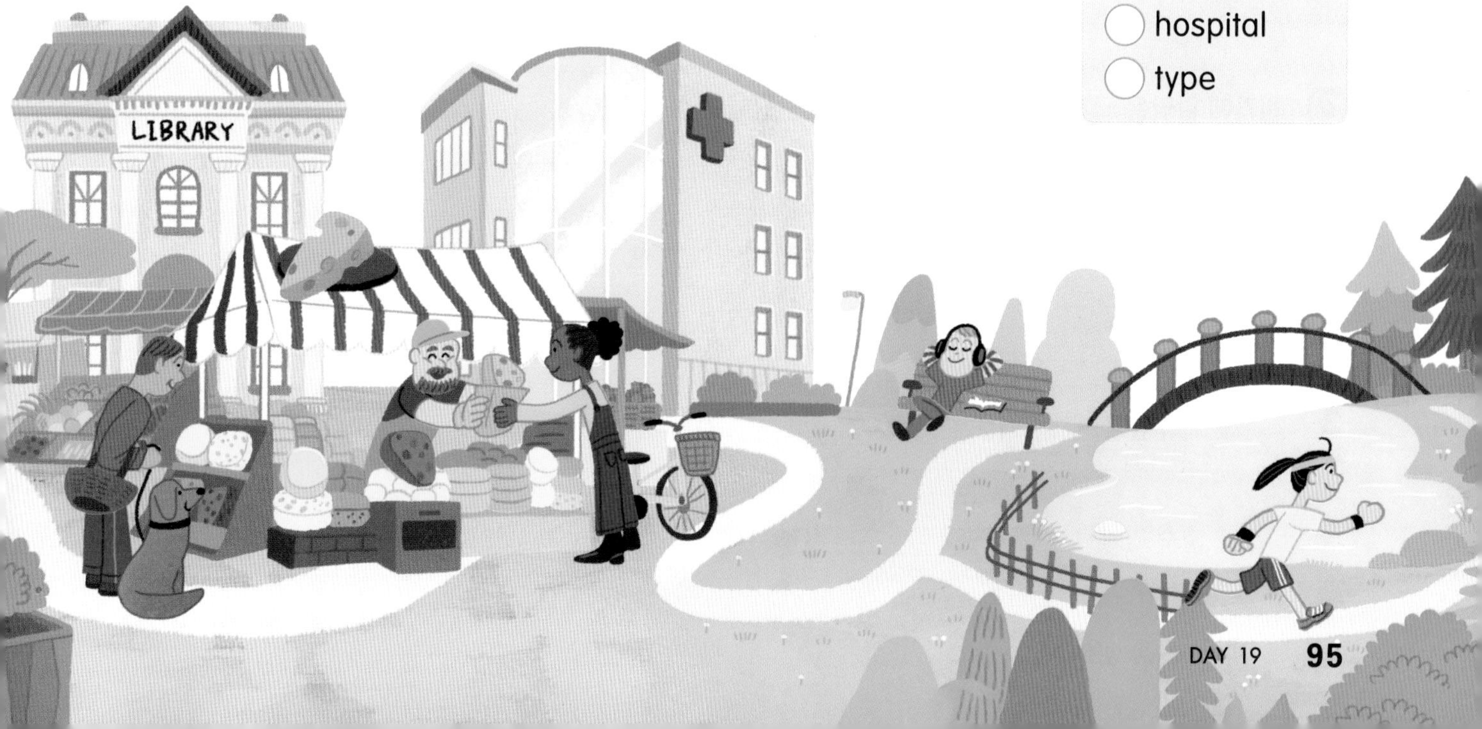

Word Check

A 사진에 알맞은 단어를 보기 에서 골라 쓰세요.

보기   bridge   between   cheese   lake

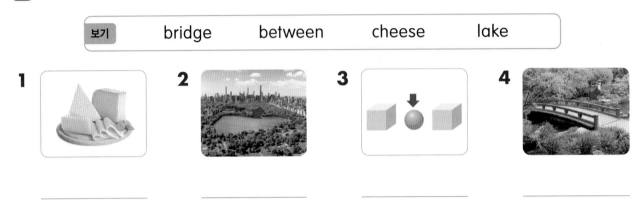

1 _____   2 _____   3 _____   4 _____

B 단어와 우리말 뜻을 선으로 연결하고, 빈칸에 단어를 쓰세요.

1 park   ·   · ~ 위에   ➡ _____

2 over   ·   · 종류, 유형   ➡ _____

3 type   ·   · 공원   ➡ _____

4 hospital   ·   · 병원   ➡ _____

C 빈칸에 알맞은 글자를 써서 우리말 뜻에 맞는 말을 완성하세요.

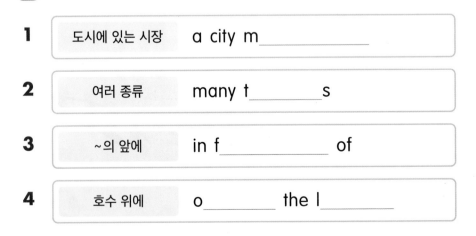

1 도시에 있는 시장   a city m_____

2 여러 종류   many t_____s

3 ~의 앞에   in f_____ of

4 호수 위에   o_____ the l_____

Sentence Check

D 그림을 보고 주어진 단어를 바르게 배열하여 문장을 쓰세요.

1
park   our   city   Visit

➡ _____ .

2
of   The   lake   front   in   the   hospital   is

➡ _____ .

E 우리말과 같도록 빈칸에 알맞은 단어를 써서 문장을 완성하세요.

1 우리 도시에 있는 **시장**에 방문하러 와 보세요.

➡ Come and visit our city _____ .

2 그곳은 시장 **앞**에 있어요.

➡ It's in _____ of the market.

3 그곳은 도서관과 병원 **사이에** 있어요.

➡ It's _____ the library and the hospital.

4 호수 **위에는** 아름다운 **다리**가 있어요.

➡ There's a beautiful _____ _____ the lake.

5 당신은 그곳에서 여러 **종류**의 **치즈**를 맛볼 수 있어요.

➡ You can try many _____ s of _____ there.

나만의 문장 만들기 특정 장소의 위치를 묘사하는 문장을 완성해 보세요.

Visit our _____ . (장소)를 방문하러 와 보세요.

It's _____ the _____ . 그곳은 (장소)의 (앞 / 위 / 사이)에 있어요.

DAY 20 I Visited My Uncle's Farm

STEP 1 단어 알기　단어를 보고, 듣고, 큰 소리로 따라 읽으세요. Track 45

①　cow 소
- milk a cow 우유를 짜다

②　farm 농장

③　luck 운

④　vacation 방학

⑤　glad 기쁜

⑥　fail 실패하다

⑦　wish 빌다, 바라다
- wish somebody good luck 행운을 빌다

⑧　first 처음, 첫 번째
- at first 처음에

⑨　during ~ 동안

⑩　finally 마침내

What did you do during your vacation?

당신은 방학 동안 무엇을 했나요?

 I visited my uncle's farm.

나는 내 삼촌의 농장을 방문했어요.

He taught me how to milk a cow.

그는 내게 어떻게 소의 우유를 짜는지 가르쳐 줬어요.

My uncle wished me good luck.

내 삼촌은 내게 행운을 빌어 줬어요.

I failed at first, but I tried again.

나는 처음에는 실패했지만, 다시 시도했어요.

Finally, I could do it.

마침내, 나는 해낼 수 있었어요.

I was glad to help him.

나는 그를 도울 수 있어서 기뻤어요.

Word Quiz

happy와 비슷한 뜻을 가진 단어는 무엇일까요?

◯ fail
◯ glad
◯ luck

Word Check

A 사진에 알맞은 단어를 골라 동그라미 하세요.

1

cow

first

2

wish

farm

3

fail

glad

4

vacation

luck

B 우리말 뜻과 같도록 [보기] 에서 알맞은 단어를 찾아 쓰세요.

보기   wish   fail   finally   during

1 _____
실패하다

2 _____
바라다

3 _____
~ 동안

4 _____
마침내

C 주어진 글자를 바르게 배열하여 우리말 뜻에 맞는 말을 완성하세요.

1 | 너의 방학 | your _____ | i o n a a c v t |

2 | 처음에는 | at _____ | t s i f r |

3 | 내 삼촌의 농장 | my uncle's _____ | r a f m |

4 | 행운 | good _____ | k c l u |

Sentence Check

D 그림을 보고 알맞은 말을 골라 ☑ 표 하고 문장을 쓰세요.

1

He taught me how to ☐ milk a cow ☐ wish a cow .

➡ _____ .

2

I ☐ failed at first ☐ visited the farm .

➡ _____ .

E 우리말과 같도록 빈칸에 알맞은 단어를 써서 문장을 완성하세요.

1 **마침내**, 나는 해낼 수 있었어요.

➡ _____ , I could do it.

2 나는 그를 도울 수 있어서 **기뻤어요**.

➡ I was _____ to help him.

3 당신은 방학 **동안** 무엇을 했나요?

➡ What did you do _____ your vacation?

4 내 삼촌은 내게 **행운을 빌어 줬어요**.

➡ My uncle _____ed me good _____ .

5 나는 처음에는 **실패했지만**, 다시 시도했어요.

➡ I _____ed at first, but I tried again.

나만의 문장 만들기 방학 동안 한 일에 대해 묻고 답하는 문장을 완성해 보세요.

What did you do during your _____ ? 방학 동안 무엇을 했나요?

I visited _____ . 나는 (장소)에 방문했어요.

A 잘 듣고, 들려주는 순서대로 사진에 번호를 쓰세요. Track 47

B 잘 듣고, 알맞은 단어에 동그라미 하세요. Track 48

1

island

mountain

2

thin
thick

3

fix

fly

4
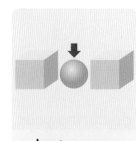
between

front

C 우리말 뜻에 알맞은 표현을 골라 선으로 연결하세요.

1 아름다운 섬 · · many countries

2 비행기를 조종하다 · · a beautiful island

3 처음에 · · at first

4 여러 나라들 · · milk a cow

5 우유를 짜다 · · fly a plane

D 그림을 보고 알맞은 단어를 골라 동그라미 하세요.

1  She has (straight / blond) hair.

2  In (winter / summer), cars are (covered / fixed) with snow.

3  The (lake / market) is in (front / between) of the hospital.

E 우리말과 같도록 빈칸에 알맞은 단어를 써서 문장을 완성하세요.

1 나는 그를 도울 수 있어서 기뻤어요.　　➡　I was _____ to help him.

2 마침내, 나는 해낼 수 있었어요.　　➡　_____, I could do it.

3 우리 도시에 있는 시장에 방문하러 와 보세요.　➡　Come and visit our city _____.

4 나는 어두운 피부를 가졌어요.　　➡　I have _____ _____.

5 저는 그들의 문화를 배우고 싶어요.　　➡　I want to _____ their _____s.

F 보기 에서 알맞은 단어를 골라 문장을 완성하세요.

보기　glasses　during　engineer　thick　farm　future

1 I wear _____.
I have _____ eyebrows.

2 Ⓐ What do you want to be in the _____?
Ⓑ I want to be a computer _____.

3 Ⓐ What did you do _____ your vacation?
Ⓑ I visited my uncle's _____.

Secret Word Game

⭐ 보기 에서 알맞은 단어를 찾아 문장을 완성하고 비밀의 단어가 무엇인지 쓰세요.

보기	close	pilot	travel	park
	fix	thick	skin	different

1 I'll _____ a car.
♣

2 I'll _____ to many countries.
♥   ♠

3 I want to be a _____.
♣   ♠

4 Visit our city _____.
♥

5 It's _____.
♦   ♣   ■

6 I have a _____ book.
♣

7 I have dark _____.
★   ♣ ■

8 We are _____ friends!
♠   ★

The Secret Word Is ···

♣	★	♠	♥	■	♦

Are You in the Fifth Grade?

STEP 1 **단어 알기** 단어를 보고, 듣고, 큰 소리로 따라 읽으세요. Track **49**

① **band** (음악) 밴드

② **guitar** 기타

③ **tennis** 테니스

④ **grade** 학년

⑤ **chance** 기회

⑥ **fifth** 다섯 번째의
- fifth grade 5학년

⑦ **sixth** 여섯 번째의
- sixth graders 6학년생들

TIP '학년'을 나타내는 말은 fifth grade(5학년), sixth grade(6학년)처럼 서수로 나타내요.

⑧ **join** 가입하다

⑨ **wait** 기다리다

⑩ **basic** 기본적인

Are you in the fifth grade?

당신은 5학년인가요?

Then, join our tennis club.

그렇다면, 우리 테니스 클럽에 가입하세요.

You can learn basic skills.

당신은 기본적인 기술들을 배울 수 있답니다.

Don't miss the chance!

기회를 놓치지 마세요!

 Do you like playing the guitar?

당신은 기타 연주를 좋아하나요?

Join our school band for sixth graders.

6학년생들을 위한 우리 학교 밴드에 가입하세요.

We're waiting for you.

우리는 당신을 기다리고 있답니다.

WordQuiz

'5학년'을 바르게 나타낸
말은 무엇일까요?

○ five grade
○ fifth grade
○ fifth grades

Word Check

A 사진에 알맞은 단어를 보기 에서 골라 쓰세요.

보기   guitar   wait   tennis   band

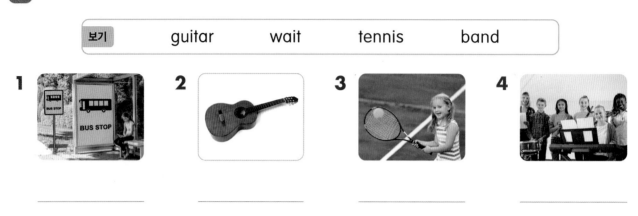

1 _____

2 _____

3 _____

4 _____

B 단어와 우리말 뜻을 선으로 연결하고, 빈칸에 단어를 쓰세요.

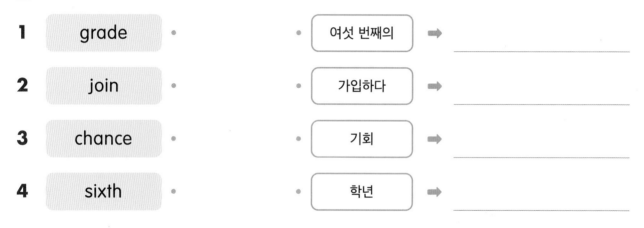

1 grade · · 여섯 번째의 ➡ _____

2 join · · 가입하다 ➡ _____

3 chance · · 기회 ➡ _____

4 sixth · · 학년 ➡ _____

C 빈칸에 알맞은 글자를 써서 우리말 뜻에 맞는 말을 완성하세요.

1 우리 테니스 클럽   our t_____ club

2 5학년   the f_____ grade

3 기본적인 기술들   b_____ skills

4 기회를 놓치다   miss the c_____

Sentence Check

D 그림을 보고 주어진 단어를 바르게 배열하여 문장을 쓰세요.

1   our   Join   club   tennis

➡ _____ .

2   you   Do   guitar   like   playing   the

➡ _____ ?

E 우리말과 같도록 빈칸에 알맞은 단어를 써서 문장을 완성하세요.

1 기회를 놓치지 마세요!

➡ Don't miss the _____ !

2 당신은 5학년인가요?

➡ Are you in the fifth _____ ?

3 우리는 당신을 **기다리고** 있답니다.

➡ We're _____ ing for you.

4 당신은 **기본적인** 기술들을 배울 수 있답니다.

➡ You can learn _____ skills.

5 6학년생들을 위한 우리 학교 **밴드**에 가입하세요.

➡ Join our school _____ for _____ graders.

나만의 문장 만들기   학교 클럽을 홍보하는 문장을 완성해 보세요.

Join our _____ club. 우리 (학교 클럽)에 가입하세요.

You can _____ . 당신은 (활동을) 할 수 있어요.

DAY 22 Turn Right at the Corner

① bank 은행

② gate 문, 출입구

- front gate 정문

③ block 블록, 구역

④ building 건물, 빌딩

⑤ corner 모퉁이, 코너

⑥ left 왼쪽으로, 왼쪽

⑦ right 오른쪽으로, 오른쪽

⑧ turn 돌다

⑨ arrive 도착하다

⑩ past ~을 지나

Where is the bank**?**

은행이 어디에 있나요?

 Go straight one block**.**

한 블록 직진하세요.

Then, turn right **at the** corner**.**

그런 다음, 모퉁이에서 오른쪽으로 도세요. (우회전하세요.)

Walk past **the big brown** building**.**

커다란 갈색 건물을 지나 걸어가세요.

Turn left **onto Main Street.**

메인 거리를 향해 왼쪽으로 도세요. (좌회전하세요.)

After that, you can arrive **there!**

그다음에, 당신은 그곳에 도착할 수 있어요!

Walk in the front gate**.**

정문으로 걸어가세요.

Word Quiz

'(도로로 나뉘는) 구역'이라는
뜻의 단어는 무엇일까요?

◯ block
◯ gate
◯ corner

Word Check

A 사진에 알맞은 단어를 골라 동그라미 하세요.

1

bank

gate

2

right

left

3

block

building

4

turn

arrive

B 우리말 뜻과 같도록 보기 에서 알맞은 단어를 찾아 쓰세요.

보기   bank   past   arrive   left

1

_____
왼쪽으로

2

_____
도착하다

3

_____
~을 지나

4

_____
은행

C 주어진 글자를 바르게 배열하여 우리말 뜻에 맞는 말을 완성하세요.

1   한 블록   one _____   o k c b l

2   왼쪽으로 돌다   _____ left   t n u r

3   모퉁이에서   at the _____   n r r e c o

4   정문   front _____   a e t g

Sentence Check

D 그림을 보고 알맞은 말을 골라 ☑ 표 하고 문장을 쓰세요.

1 ☐ Walk past ☐ Turn right   the big brown building.

➡ _____ .

2 Walk in the ☐ right corner ☐ front gate .

➡ _____ .

E 우리말과 같도록 빈칸에 알맞은 단어를 써서 문장을 완성하세요.

1 은행이 어디에 있나요?

➡ Where is the _____?

2 메인 거리를 향해 **왼쪽으로** 도세요.

➡ Turn _____ onto Main Street.

3 한 **블록** 직진하세요.

➡ Go straight one _____ .

4 그다음에, 당신은 그곳에 **도착할** 수 있어요!

➡ After that, you can _____ there!

5 그런 다음, **모퉁이**에서 **오른쪽으로** 도세요.

➡ Then, turn _____ at the _____ .

나만의 문장 만들기 길을 묻고 답하는 문장을 완성해 보세요.

Where is _____ ? (장소)는 어디에 있나요?

_____ . (길 안내) 하세요.

Let's Heat the Air in the Balloon

STEP 1 단어 알기   단어를 보고, 듣고, 큰 소리로 따라 읽으세요. Track 53

1st   2nd   3rd

① **air** 공기

② **town** 마을

③ **river** 강

④ **roof** 지붕

⑤ **field** 들판, 밭

⑥ **wind** 바람

⑦ **land** 착륙하다, 땅

⑧ **check** 점검하다

⑨ **heat** 데우다, 열기

⑩ **before** ~하기 전에

We'll go up in this hot-air balloon.

우리는 이 열기구를 타고 올라갈 거야.

Before we go up, I'll check the wind.

우리가 올라가기 전에, 내가 바람을 점검할게.

 Let's heat the air in the balloon.

열기구 안의 공기를 데우자.

Now we're over a town.

이제 우리는 마을 위에 있어.

 Can you see roofs and the river?

너는 지붕과 강이 보이니?

Look at the big field.

넓은 들판을 봐.

 It's good to land on.

그곳은 착륙하기에 좋아.

Word Quiz

after과 반대의 뜻을 가진 단어는 무엇일까요?

◯ check
◯ before
◯ now

Word Check

A 사진에 알맞은 단어를 보기 에서 골라 쓰세요.

보기	town	field	river	roof

1 _____

2 _____

3 _____

4 _____

B 단어와 우리말 뜻을 선으로 연결하고, 빈칸에 단어를 쓰세요.

1 check · · 점검하다 ➡ _____

2 before · · 공기 ➡ _____

3 land · · 착륙하다 ➡ _____

4 air · · ~하기 전에 ➡ _____

C 빈칸에 알맞은 글자를 써서 우리말 뜻에 맞는 말을 완성하세요.

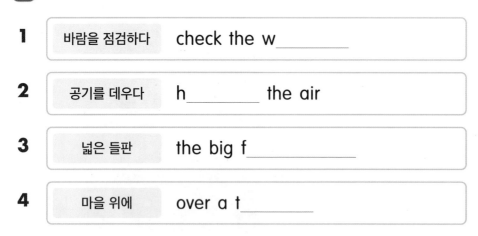

1 바람을 점검하다   check the w_____

2 공기를 데우다   h_____ the air

3 넓은 들판   the big f_____

4 마을 위에   over a t_____

Sentence Check

D 그림을 보고 주어진 단어를 바르게 배열하여 문장을 쓰세요.

1   a   Now   we're   over   town

➡ _____ .

2   the   Let's   air   in   heat   balloon   the

➡ _____ .

E 우리말과 같도록 빈칸에 알맞은 단어를 써서 문장을 완성하세요.

1 그곳은 **착륙하기에** 좋아.

> **TIP** 'It's good to + 동사원형.'은 '~하기에 좋다.'라는 의미예요.

➡ It's good to _____ on.

2 열기구 안의 **공기를** 데우자.

➡ Let's heat the _____ in the balloon.

3 넓은 **들판을** 봐.

➡ Look at the big _____ .

4 너는 **지붕과** 강이 보이니?

➡ Can you see _____ s and the river?

5 우리가 올라가기 **전에**, 내가 바람을 **점검할게**.

➡ _____ we go up, I'll _____ the wind.

나만의 문장 만들기   열기구를 타고 볼 수 있는 것들에 대한 문장을 완성해 보세요.

Can you see _____ ? 당신은 (건물이나 자연)이 보이나요?

Look at _____ . (건물이나 자연)을 봐요.

Which Season Do You Like?

① **leaf** 나뭇잎

- leaves: leaf의 복수형

② **kite** 연

③ **fall** 가을

TIP '가을'을 뜻하는 단어로는 autumn도 있어요.

④ **season** 계절

- four seasons 사계절

⑤ **gold**
금색의, 금

⑥ **cool** 시원한

⑦ **pretty** 예쁜

⑧ **clear** 맑은

⑨ **kick**
(발로) 차다

⑩ **because** ~하기 때문에

TIP because는 이유를 설명할 때 쓰는 말로 because 뒤에는 주어와 동사가 순서대로 나와요.

Which season do you like?

너희는 어떤 계절을 좋아하니?

I like fall because the weather is cool and clear.

나는 날씨가 시원하고 맑기 때문에 가을을 좋아해.

It's good for flying kites.

가을은 연을 날리기에 좋아.

In fall, the leaves change colors.

가을에는, 나뭇잎들이 색을 바꿔.

They turn red and gold.

그것들은 빨간색과 금색으로 변하지.

They are pretty.

그것들은 예뻐.

Kicking leaves is fun!

나뭇잎을 차는 것은 재미있어!

Word Quiz

spring, summer, fall, winter를 포함하는 단어는 무엇일까요?

○ leaf
○ kite
○ season

Word Check

A 사진에 알맞은 단어를 골라 동그라미 하세요.

1
gold

clear

2
season

leaf

3
kite

cool

4
kick

fall

B 우리말 뜻과 같도록 보기 에서 알맞은 단어를 찾아 쓰세요.

보기   season   pretty   because   cool

1

_____
시원한

2

_____
예쁜

3

_____
~하기 때문에

4

_____
계절

C 주어진 글자를 바르게 배열하여 우리말 뜻에 맞는 말을 완성하세요.

1 | 연을 날리다 | fly _____ s | t e k i

2 | 빨간색과 금색 | red and _____ | o d g l

3 | 나뭇잎을 차다 | _____ leaves | k k c i

4 | 시원하고 맑은 | cool and _____ | a r c l e

Sentence Check

D 그림을 보고 알맞은 말을 골라 ☑ 표 하고 문장을 쓰세요.

1 It's good for ☐ kicking kites ☐ flying kites .

➡ _____ .

2 Leaves turn ☐ red and gold ☐ cool and clear .

➡ _____ .

E 우리말과 같도록 빈칸에 알맞은 단어를 써서 문장을 완성하세요.

1 그것들은 **예뻐**.

➡ They are _____ .

2 너희는 어떤 **계절**을 좋아하니?

➡ Which _____ do you like?

3 나뭇잎을 **차는 것**은 재미있어!

➡ _____ing leaves is fun!

4 가을에는, **나뭇잎들**이 색을 바꿔.

➡ In fall, the _____ change colors.

5 나는 날씨가 **시원하고** 맑기 **때문에** 가을을 좋아해.

➡ I like fall _____ the weather is _____ and clear.

나만의 문장 만들기 좋아하는 계절을 묻고 답하는 문장을 완성해 보세요.

Which _____ do you like? 당신은 어떤 계절을 좋아하나요?

I like _____ because _____ .

나는 (계절)을 좋아하는데, (이유)하기 때문이에요.

DAY 25 How Was Your Trip?

STEP 1 단어 알기   단어를 보고, 듣고, 큰 소리로 따라 읽으세요. Track 57

1 duck
오리

2 horse 말

3 way 길
- on the way 가는 길에

4 trip 여행

5 smell
냄새,
냄새를 맡다

6 drive 운전하다
- drove: drive의 과거형

7 fill 채우다
- be filled with ~로 가득하다

8 pick (과일 등을) 따다

9 great 아주 좋은, 훌륭한

10 fantastic 환상적인

How was your trip?

너의 여행은 어땠니?

 My trip to the farm was fantastic!

나의 농장 여행은 환상적이었어!

My mom drove to the farm.

나의 엄마가 운전해서 농장으로 갔지.

On the way there, I saw lots of ducks and horses.

그곳으로 가는 길에, 나는 많은 오리와 말을 봤어.

The farm was filled with the smell of grapes.

농장은 포도 냄새로 가득했지.

We picked grapes together.

우리는 함께 포도를 땄어.

It was great!

아주 좋았어!

WordQuiz

'여행, 관광'의 뜻을 가진
단어는 무엇일까요?

◯ drive
◯ trip
◯ way

Word Check

A 사진에 알맞은 단어를 보기 에서 골라 쓰세요.

보기   horse   duck   pick   drive

1 _____ 2 _____ 3 _____ 4 _____

B 단어와 우리말 뜻을 선으로 연결하고, 빈칸에 단어를 쓰세요.

1 fantastic · · 길 ⇒ _____

2 smell · · 냄새 ⇒ _____

3 way · · 환상적인 ⇒ _____

4 trip · · 여행 ⇒ _____

C 빈칸에 알맞은 글자를 써서 우리말 뜻에 맞는 말을 완성하세요.

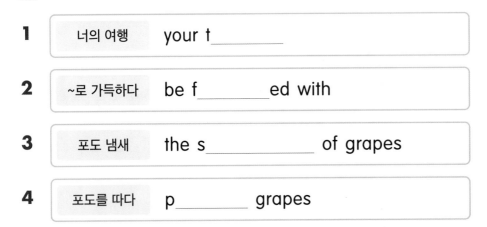

1 너의 여행   your t_____

2 ~로 가득하다   be f_____ed with

3 포도 냄새   the s_____ of grapes

4 포도를 따다   p_____ grapes

Sentence Check

D 그림을 보고 주어진 단어를 바르게 배열하여 문장을 쓰세요.

1

grapes   together   We   picked

➡ _____ .

2

farm   the   to   My   drove   mom

➡ _____ .

E 우리말과 같도록 빈칸에 알맞은 단어를 써서 문장을 완성하세요.

1 아주 좋았어!

➡ It was _____ !

2 농장은 포도 냄새로 **가득했지**.

➡ The farm was _____ed with the smell of grapes.

3 나의 농장 여행은 **환상적**이었어!

➡ My trip to the farm was _____ !

4 너의 **여행**은 어땠니?

➡ How was your _____ ?

> **TIP** How was your ~?는 '당신의 ~은 어땠나요?'라는 의미로, 상대방의 경험이 어땠는지를 묻는 말이에요.

5 그곳으로 가는 길에, 나는 많은 **오리**와 말을 봤어.

➡ On the _____ there, I saw lots of _____s and horses.

나만의 문장 만들기   여행이 어땠는지 묻고 답하는 문장을 완성해 보세요.

How was your _____ ? 당신의 여행은 어땠나요?

My trip to _____ was _____ ! (장소)로의 여행은 (느낌)이었어요!

A 잘 듣고, 들려주는 순서대로 사진에 번호를 쓰세요. Track 59

B 잘 듣고, 알맞은 단어에 동그라미 하세요. Track 60

1

| duck | horse |

2

| town | roof |

3

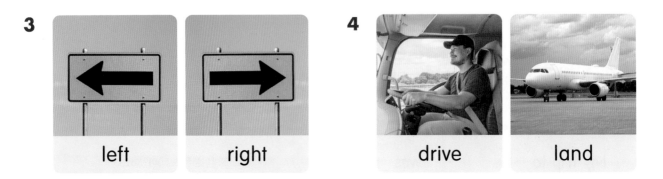

| left | right |

4

| drive | land |

C 우리말 뜻에 알맞은 영어 표현을 골라 ☑ 표 하세요.

1 오른쪽으로 돌다   ☐ turn right   ☐ turn left

2 모퉁이에서   ☐ at the block   ☐ at the corner

3 5학년   ☐ fifth grade   ☐ sixth grade

4 가는 길에   ☐ on the way   ☐ on the road

5 기회를 놓치다   ☐ miss the chance   ☐ miss the skills

D 그림을 보고 알맞은 단어를 골라 동그라미 하세요.

1

Let's (heat / land) the air in the balloon.

2

The (leaves / leafs) turn red and gold.

3

The farm was (filled / checked) with the (smell / taste) of grapes.

E 우리말과 같도록 빈칸에 알맞은 단어를 써서 문장을 완성하세요.

1 너희는 어떤 계절을 좋아하니? ➡ Which _____ do you like?

2 정문으로 걸어가세요. ➡ Walk in the front _____.

3 기회를 놓치지 마세요! ➡ Don't miss the _____!

4 그것들은 예뻐. ➡ They are _____.

5 우리는 함께 포도를 땄어. ➡ We _____ed grapes together.

F 보기 에서 알맞은 단어를 골라 문장을 완성하세요.

| 보기 | join | kite | drove | fantastic | fifth | fall |

1 I like _____.

It's good for flying _____s.

2 My trip to the farm was _____!

My mom _____ to the farm.

3 Are you in the _____ grade?

Then, _____ our tennis club.

Word Search

⭐ 문장을 읽고 빈칸에 들어갈 알맞은 단어를 보기 에서 찾아 쓰세요.

1 I'll check the _____.

2 My favorite season is _____.

3 Go straight one _____.

4 Do you like playing the _____?

5 Look at the big _____.

6 Turn _____ onto Main Street.

7 Where is the _____?

8 I'm _____ing for the bus.

보기

fall

wait

block

guitar

field

wind

left

bank

⭐ 보기 에 있는 8개의 단어를 찾아 동그라미 하세요.

r	p	d	y	c	a	w	a	i	t	n	i	s	w	q
j	f	o	d	f	l	s	j	o	p	b	n	s	f	e
p	v	m	q	a	e	w	d	d	l	s	d	g	i	f
w	i	n	d	n	f	e	w	e	g	i	v	b	e	g
o	b	q	d	t	t	e	u	j	x	c	x	s	l	u
w	a	w	t	a	e	t	b	l	o	c	k	j	d	i
h	n	r	r	s	d	b	j	e	c	t	x	v	g	t
e	k	w	i	t	h	j	k	l	x	c	e	r	w	a
r	w	e	f	a	l	l	h	o	c	k	e	w	t	r
e	s	e	n	c	w	k	f	s	e	a	s	a	n	t

STEP 1 단어 알기 단어를 보고, 듣고, 큰 소리로 따라 읽으세요. Track 61

1st 2nd 3rd

① **doctor**
의사
• go and see a doctor 진찰을 받다

② **rest** 휴식
• get some rest 휴식을 취하다

③ **fever** 열

④ **headache**
두통

⑤ **tonight** 오늘 밤에, 오늘 밤

⑥ **yesterday** 어제

⑦ **medicine** 약

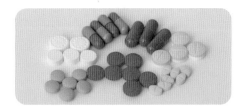

⑧ **wet** 젖은
• get wet in the rain 비에 젖다

⑨ **drink** 마시다
• drank: drink의 과거형

⑩ **worry** 걱정하다

I have a headache and a fever.

저는 두통이 있고 열이 나요.

 Oh! Let's go and see a doctor.

오! 가서 의사 선생님을 만나자. (진찰을 받자.)

 Yesterday, I drank cold water.

어제, 저는 차가운 물을 마셨어요.

I got wet in the rain.

저는 비에 젖었지요.

 Don't worry. Take this medicine.

걱정하지 말거라. 이 약을 먹으렴.

Then, get some rest tonight.

그다음에, 오늘 밤은 휴식을 좀 취하도록 해.

Word Quiz

drink의 과거형은 무엇
일까요?

○ drinks
○ drank
○ drunk

Word Check

A 사진에 알맞은 단어를 골라 동그라미 하세요.

1
fever

medicine

2
rest

doctor

3
wet

headache

4
drink

worry

B 우리말 뜻과 같도록 보기 에서 알맞은 단어를 찾아 쓰세요.

보기   tonight   rest   worry   yesterday

1
_____
휴식

2
_____
걱정하다

3
_____
어제

4
_____
오늘 밤에

C 주어진 글자를 바르게 배열하여 우리말 뜻에 맞는 말을 완성하세요.

1 | 비에 젖다 | get _____ in the rain | w t e |

2 | 두통이 있다 | have a _____ | a c e a e h d h |

3 | 이 약을 먹다 | take this _____ | i n e i e d m c |

4 | 휴식을 취하다 | get some _____ | t r s e |

Sentence Check

D 그림을 보고 알맞은 말을 골라 ☑ 표 하고 문장을 쓰세요.

1 I ☐ got wet ☐ got some rest in the rain.

➡ _____ .

2 Take ☐ this medicine ☐ cold water .

➡ _____ .

E 우리말과 같도록 빈칸에 알맞은 단어를 써서 문장을 완성하세요.

1 가서 **의사** 선생님을 만나자.

➡ Let's go and see a _____ .

2 저는 두통이 있고 **열**이 나요.

➡ I have a headache and a _____ .

> **TIP** 'I have + 증상'은 '나는 (증상)이 있어요.'라는 의미예요.

3 **걱정하지** 말거라.

➡ Don't _____ .

4 어제, 저는 차가운 물을 **마셨어요**.

➡ _____ , I _____ cold water.

5 **오늘 밤**은 휴식을 좀 취하도록 해.

➡ Get some _____ _____ .

나만의 문장 만들기 병원에서 진료받을 때 사용하는 문장을 완성해 보세요.

I have _____ . 저는 (상태)해요.

Take this _____ . Get some _____ .
이 약을 먹으세요. 휴식을 좀 취하세요.

Why Are You Tired?

STEP 1 단어 알기 단어를 보고, 듣고, 큰 소리로 따라 읽으세요. Track 63

1st 2nd 3rd

❶ **prize** 상

• win a prize 상을 받다

❷ **part** 부분

❸ **group** 조, 그룹

❹ **project** 프로젝트

❺ **newspaper** 신문

❻ **solve** 해결하다

❼ **prepare** 준비하다

❽ **tired** 피곤한

❾ **last** 지난

• last night 지난밤, 지난밤에

❿ **forever** 영원히

Why are you tired?

너는 왜 피곤해하니?

Today is a science project day.

오늘은 과학 프로젝트가 있는 날이거든.

Our group prepared hard last night.

우리 조는 지난밤에 열심히 준비했어.

Some parts were hard, but we solved them.

어떤 부분들은 어려웠지만, 우리는 그것들을 해결했어.

We want to win a prize.

우리는 상을 받고 싶어.

Then, we'll be in the school newspaper.

그렇게 되면, 우리는 학교 신문에 나올 거야.

I'll keep it forever.

나는 그것을 영원히 간직할 거야.

Word Quiz

대회에서 좋은 성적을
얻었을 때 받는 것은
무엇일까요?

◯ group
◯ prize

Word Check

A 사진에 알맞은 단어를 보기 에서 골라 쓰세요.

| 보기 | prize | tired | newspaper | part |

1 _____   2 _____   3 _____   4 _____

B 단어와 우리말 뜻을 선으로 연결하고, 빈칸에 단어를 쓰세요.

1 project · · 해결하다 ➡ _____

2 group · · 조, 그룹 ➡ _____

3 prepare · · 프로젝트 ➡ _____

4 solve · · 준비하다 ➡ _____

C 빈칸에 알맞은 글자를 써서 우리말 뜻에 맞는 말을 완성하세요.

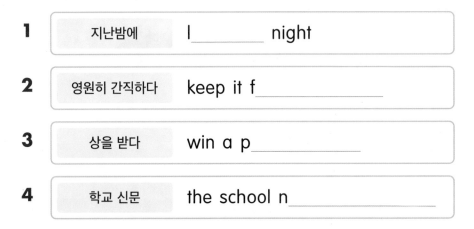

1 지난밤에   l_____ night

2 영원히 간직하다   keep it f_____

3 상을 받다   win a p_____

4 학교 신문   the school n_____

Sentence Check

D 그림을 보고 주어진 단어를 바르게 배열하여 문장을 쓰세요.

1

prepared   Our   group   hard   night   last

➡ _____ .

2

in   newspaper   the   be   We'll   school

➡ _____ .

E 우리말과 같도록 빈칸에 알맞은 단어를 써서 문장을 완성하세요.

1 나는 그것을 **영원히** 간직할 거야.

➡ I'll keep it _____ .

2 너는 왜 **피곤해하니**?

➡ Why are you _____ ?

> **TIP** 'Why are you + 상태, 감정을 나타내는 형용사?'는 '당신은 왜 ~한 가요?'라는 의미로, 상대방의 상태나 감정의 이유를 묻는 표현이에요.

3 우리는 **상**을 받고 싶어.

➡ We want to win a _____ .

4 오늘은 과학 **프로젝트**가 있는 날이거든.

➡ Today is a science _____ day.

5 어떤 **부분**들은 어려웠지만, 우리는 그것들을 **해결했어**.

➡ Some _____ s were hard, but we _____ d them.

나만의 문장 만들기 기분이나 상태를 묻고 답하는 문장을 완성해 보세요.

Why are you _____ ? 당신은 왜 (기분이나 상태)한가요?

I _____ . 나는 (행동)했어요.

DAY 28 Tigers Are Stronger than Lions

STEP 1 단어 알기 단어를 보고, 듣고, 큰 소리로 따라 읽으세요. Track 65

① **tiger** 호랑이

② **lion** 사자

③ **dolphin** 돌고래

④ **brain** 지능, 뇌

⑤ **power** 힘

⑥ **gesture** 제스처, 몸짓

⑦ **smart** 영리한

⑧ **true** 사실인, 참인
  • false 틀린, 사실이 아닌

⑨ **maybe** 아마, 어쩌면

⑩ **most** 대부분의, 대부분

Dolphins are very **smart**.

돌고래는 매우 영리해요.

Is that true? Yes, it is.

그게 사실일까요? 네, 그렇습니다.

They have good brains.

그들은 뛰어난 지능을 가졌어요.

We can talk to them with gestures.

우리는 제스처를 이용해서 그들과 대화할 수 있어요.

Tigers are stronger than **lions**.

호랑이는 사자보다 강해요.

Is that true? Maybe!

그게 사실일까요? 아마도요!

Most tigers are larger than lions.

대부분의 호랑이는 사자보다 (몸집이) 더 커요.

Tigers have great power.

호랑이는 대단한 힘을 가졌지요.

Word Quiz

false와 반대의 뜻을 가진 단어는 무엇일까요?

◯ true ◯ most ◯ smart

Word Check

A 사진에 알맞은 단어를 골라 동그라미 하세요.

1
power

dolphin

2
tiger

power

3
brain

true

4
gesture

lion

B 우리말 뜻과 같도록 [보기] 에서 알맞은 단어를 찾아 쓰세요.

> 보기   most   maybe   true   smart

1 _____
사실인

2 _____
영리한

3 _____
아마

4 _____
대부분의

C 주어진 글자를 바르게 배열하여 우리말 뜻에 맞는 말을 완성하세요.

1 | 대부분의 호랑이 | _____ tigers | t m s o |

2 | 대단한 힘 | great _____ | r o p e w |

3 | 매우 영리한 | very _____ | a t s m r |

4 | 제스처를 이용해서 | with _____ s | u r e g s e t |

Sentence Check

D 그림을 보고 알맞은 말을 골라 ☑ 표 하고 문장을 쓰세요.

1 They have ☐ good brains ☐ great power .

➡ _____ .

2 Most ☐ dolphins ☐ tigers are larger than lions.

➡ _____ .

E 우리말과 같도록 빈칸에 알맞은 단어를 써서 문장을 완성하세요.

1 그게 **사실**일까요?

➡ Is that _____ ?

2 돌고래는 매우 **영리해요**.

➡ Dolphins are very _____ .

3 우리는 **제스처**를 이용해서 그들과 대화할 수 있어요.

➡ We can talk to them with _____ s.

4 호랑이는 **사자**보다 강해요.

➡ Tigers are stronger than _____ s.

> **TIP** '더 ~한'을 의미하는 비교급은 보통, 형용사의 맨 뒤에 -er을 붙여 나타내요.
> ex. strong ⇒ stronger

5 호랑이는 대단한 **힘**을 가졌지요.

➡ Tigers have great _____ .

나만의 문장 만들기 동물을 비교하는 문장을 완성해 보세요.

_____ are smarter than _____ . (동물1)은 (동물2)보다 영리해요.

_____ are stronger than _____ . (동물1)은 (동물2)보다 강해요.

DAY 29 What's the Date Today?

① **violin**
바이올린

② **concert** 연주회, 콘서트

③ **place** 장소

④ **hall** 홀, 회관

⑤ **address** 주소

⑥ **date** 날짜

⑦ **calendar** 달력

⑧ **September** 9월

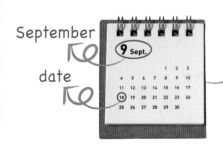

September
date
9 Sept.
calendar

⑨ **give** 주다
• gave: give의 과거형

⑩ **invite** 초대하다
• invitation 초대장

Birthday Party
You're invited!

What's the date today?

오늘 날짜는 며칠이지?

 Look at my calendar. It's September 23rd.

내 달력을 봐. 9월 23일이야.

Today is Emily's violin concert day.

오늘은 에밀리의 바이올린 연주회가 있는 날이야.

She gave me this invitation.

그녀가 나한테 이 초대장을 줬어.

Violin Concert

You're invited!

당신은 초대받았습니다! (당신을 초대합니다!)

▶ Date: September 23rd at 5 p.m.

날짜: 9월 23일 오후 5시에

▶ Place: at the school concert hall

장소: 학교 콘서트 홀에서

▶ Address: 12 Honeywood Street

주소: 허니우드 길 12번지

Word Quiz

10월 이전에 오는 달은 무엇일까요?

◯ November
◯ August
◯ September

Word Check

A 사진에 알맞은 단어를 보기 에서 골라 쓰세요.

보기   calendar   violin   concert   give

1 _____

2 _____

3 _____

4 _____

B 단어와 우리말 뜻을 선으로 연결하고, 빈칸에 단어를 쓰세요.

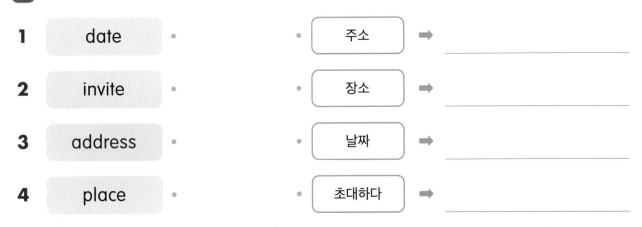

1 date   •   • 주소 ➡ _____

2 invite   •   • 장소 ➡ _____

3 address   •   • 날짜 ➡ _____

4 place   •   • 초대하다 ➡ _____

C 빈칸에 알맞은 글자를 써서 우리말 뜻에 맞는 말을 완성하세요.

1	9월 23일	S_____ 23rd
2	바이올린 연주회	a v_____ c_____
3	학교 콘서트 홀	the school concert h_____
4	당신은 초대받았습니다!	You're i_____!

Sentence Check

D 그림을 보고 주어진 단어를 바르게 배열하여 문장을 쓰세요.

1

today　　the　　date　　What's

➡ _____?

2

violin　　concert　　Today　　is　　Emily's　　day

➡ _____.

E 우리말과 같도록 빈칸에 알맞은 단어를 써서 문장을 완성하세요.

1 내 **달력**을 봐.

➡ Look at my _____.

2 그녀가 나한테 이 초대장을 **줬어**.

➡ She _____ me this invitation.

3 **날짜**: 9월 23일 오후 5시에

➡ _____: September 23rd at 5 p.m.

4 **장소**: 학교 **콘서트** 홀에서

➡ _____: at the school _____ hall

5 **주소**: 허니우드 길 12번지

➡ _____: 12 Honeywood Street

나만의 문장 만들기　날짜를 묻고 답하는 문장을 완성해 보세요.

What's the _____ today? 오늘 날짜는 며칠인가요?

It's _____. (몇 월) (며칠)이에요.

How Can I Get to the Zoo?

STEP 1 **단어 알기** 단어를 보고, 듣고, 큰 소리로 따라 읽으세요. Track **69**

① **zoo** 동물원

② **map** 지도

③ **tower** 타워, 탑

④ **minute** 분

• hour 시간

⑤ **guide**
안내하다

⑥ **north** 북쪽

⑦ **south** 남쪽

⑧ **east** 동쪽

⑨ **west** 서쪽

⑩ **across** 건너서

• across from ~의 건너편에서

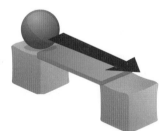

How can I get to the zoo?

제가 동물원에 어떻게 갈 수 있을까요?

 This map will guide you.

이 지도가 당신을 안내할 거예요.

Find where north, east, south, and west are.

북쪽, 동쪽, 남쪽, 그리고 서쪽이 어디 있는지 찾아보세요.

Take Bus Number 2.

2번 버스를 타세요.

You can take the bus across from the tower.

당신은 타워 건너편에서 버스를 탈 수 있어요.

It takes about 15 minutes.

15분 정도 걸려요.

Word Quiz

다음 중 방향을 나타내는 단어가 <u>아닌</u> 것은 무엇일까요?

◯ minute ◯ south ◯ west

Word Check

A 사진에 알맞은 단어를 골라 동그라미 하세요.

1

zoo

map

2

tower

across

3

minute

hour

4

guide

south

B 우리말 뜻과 같도록 보기 에서 알맞은 단어를 찾아 쓰세요.

| 보기 | west | north | south | east |

1

_____
남쪽

2

_____
서쪽

3

_____
북쪽

4

_____
동쪽

C 주어진 글자를 바르게 배열하여 우리말 뜻에 맞는 말을 완성하세요.

1	이 지도	this _____	p a m
2	동물원에 가다	get to the _____	o z o
3	~의 건너편에서	_____ from	a o s c r s
4	15분	15 _____ s	n i t m e u

Sentence Check

D 그림을 보고 알맞은 말을 골라 ☑ 표 하고 문장을 쓰세요.

1

How can I ☐ get to the zoo ☐ find the bus ?

➡ _____ ?

2

Take the bus ☐ across from ☐ across to the tower.

➡ _____ .

E 우리말과 같도록 빈칸에 알맞은 단어를 써서 문장을 완성하세요.

1 이 지도가 당신을 **안내할** 거예요.

➡ This map will _____ you.

2 15분 정도 걸려요.

➡ It takes about 15 _____ s.

3 제가 **동물원**에 어떻게 갈 수 있을까요?

➡ How can I get to the _____ ?

4 당신은 **타워 건너편**에서 버스를 탈 수 있어요.

➡ You can take the bus _____ from the _____ .

5 **북쪽**, 동쪽, 남쪽, 그리고 **서쪽**이 어디 있는지 찾아보세요.

➡ Find where _____ , east, south, and _____ are.

나만의 문장 만들기 길을 묻고 답하는 문장을 완성해 보세요.

How can I get to _____ ? 제가 (장소)에 어떻게 갈 수 있나요?

You can take _____ . 당신은 (교통수단)을 탈 수 있어요.

A 잘 듣고, 들려주는 순서대로 사진에 번호를 쓰세요. Track 71

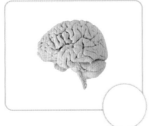

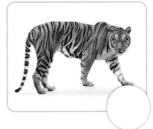

B 잘 듣고, 알맞은 단어에 동그라미 하세요. Track 72

1

hall

concert

2

tired

smart

3

newspaper

prize

4

drink

guide

C 우리말 뜻에 알맞은 표현을 골라 선으로 연결하세요.

1 지난밤	•	• keep it forever
2 제스처를 이용해서	•	• a violin concert
3 ~의 건너편에서	•	• with gestures
4 영원히 간직하다	•	• last night
5 바이올린 연주회	•	• across from

D 그림을 보고 알맞은 단어를 골라 동그라미 하세요.

1

How can I get to the (tower / zoo)?

2

A (Tiger / Dolphin) is very (smart / tired).

3

Take this (doctor / medicine).

E 우리말과 같도록 빈칸에 알맞은 단어를 써서 문장을 완성하세요.

1 오늘 밤은 휴식을 좀 취하도록 해.　➡　Get some ＿＿＿＿＿＿ tonight.

2 어제, 저는 차가운 물을 마셨어요.　➡　＿＿＿＿＿＿＿＿, I drank cold water.

3 호랑이는 대단한 힘을 가졌지요.　➡　Tigers have great ＿＿＿＿＿＿.

4 장소: 학교 콘서트 홀에서　➡　＿＿＿＿＿＿: at the school concert hall

5 어떤 부분들은 어려웠지만,
우리는 그것들을 해결했어.　➡　Some ＿＿＿＿＿＿s were hard,
but we ＿＿＿＿＿＿d them.

F 보기 에서 알맞은 단어를 골라 문장을 완성하세요.

| 보기 | tired | prize | September | newspaper | prepared | date |

1
I want to win a ＿＿＿＿＿＿.

Then, I'll be in the school ＿＿＿＿＿＿.

2
Ⓐ What's the ＿＿＿＿＿＿ today?

Ⓑ It's ＿＿＿＿＿＿ 23rd.

3
Ⓐ Why are you ＿＿＿＿＿＿?

Ⓑ Our group ＿＿＿＿＿＿ hard last night.

Ladder Game

⭐ 그림이 뜻하는 단어를 [힌트] 에서 찾아 사다리를 타고 내려 간 문장의 빈칸에 쓰세요.

1 This _____ will guide you.

2 Dolphins have good _____s.

3 Find where _____ is.

4 My dog got _____.

5 Take this _____.

6 Look at my _____.

7 I have a _____.

1 **body** 몸, 신체

2 **heart** 심장

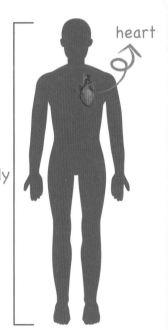

heart

body

3 **growth** 성장

4 **habit** 습관

5 **virus** 바이러스

6 **week** 주, 일주일
- year 해, 년
- month 달

year

month

week

7 **often** 자주
- how often 얼마나 자주

8 **twice** 두 번
- once 한 번

9 **kill** 죽이다, 없애다

10 구 **jump rope** 줄넘기를 하다

How often do you jump rope?

너는 얼마나 자주 줄넘기를 하니?

 I jump rope twice a week.

나는 일주일에 두 번 줄넘기를 해.

It's good for my heart and growth.

그것은 내 심장과 성장에 좋아.

How often do you wash your hands?

너는 얼마나 자주 너의 손을 씻니?

 I wash my hands five times a day.

나는 하루에 다섯 번 나의 손을 씻어.

It kills viruses.

그것은 바이러스를 죽이지.

It's a good habit for my body.

그것은 내 몸에 좋은 습관이야.

Word Quiz

'되풀이해서 저절로 익힌 행동'을 뜻하는 단어는 무엇일까요?

○ growth
○ habit
○ heart

Word Check

A 사진에 알맞은 단어를 보기 에서 골라 쓰세요.

보기   heart   virus   week   jump rope

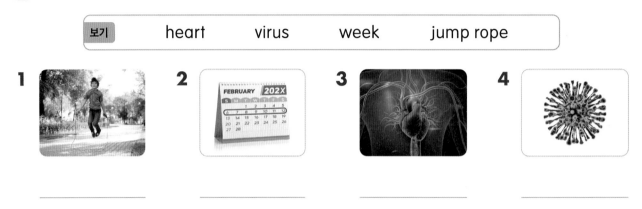

1 _____

2 _____

3 _____

4 _____

B 단어와 우리말 뜻을 선으로 연결하고, 빈칸에 단어를 쓰세요.

1 habit   •   • 습관   ➡ _____

2 kill   •   • 성장   ➡ _____

3 body   •   • 죽이다, 없애다   ➡ _____

4 growth   •   • 몸, 신체   ➡ _____

C 빈칸에 알맞은 글자를 써서 우리말 뜻에 맞는 말을 완성하세요.

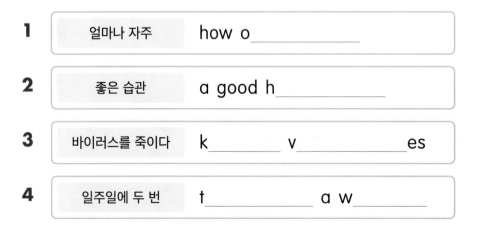

1 얼마나 자주   how o_____

2 좋은 습관   a good h_____

3 바이러스를 죽이다   k_____ v_____es

4 일주일에 두 번   t_____ a w_____

Sentence Check

D 그림을 보고 주어진 단어를 바르게 배열하여 문장을 쓰세요.

1 viruses   It   kills

➡ _____ .

2 I   week   twice   jump rope   a

➡ _____ .

E 우리말과 같도록 빈칸에 알맞은 단어를 써서 문장을 완성하세요.

1 그것은 내 심장과 **성장**에 좋아.

➡ It's good for my heart and _____ .

2 너는 얼마나 **자주** 너의 손을 씻니?

➡ How _____ do you wash your hands?

3 너는 얼마나 자주 **줄넘기를 하니**?

➡ How often do you _____ _____ ?

4 나는 일주일에 **두 번** 줄넘기를 해.

➡ I jump rope _____ a week.

5 그것은 내 **몸**에 좋은 **습관**이야.

➡ It's a good _____ for my _____ .

나만의 문장 만들기 어떤 활동을 얼마나 자주 하는지 묻고 답하는 문장을 완성해 보세요.

How often do you _____ ? 당신은 얼마나 자주 (활동)을 하나요?

I _____ . 나는 (활동)을 (얼마나 자주)해요.

I Must Return Them by Tomorrow

STEP 1 단어 알기 단어를 보고, 듣고, 큰 소리로 따라 읽으세요. Track 75

1 **letter** 편지

2 **puzzle** 퍼즐

3 **must** ~해야 하다

4 **send** 보내다

5 **build** 쌓다, 짓다

6 **finish** 마치다, 끝내다

7 **return** 반납하다, 돌려주다

8 **young** 어린, 젊은
 • younger brother 남동생

young

9 **couple** 두어 개의

10 **tomorrow** 내일
 • today 오늘
 • yesterday 어제

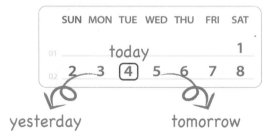

SUN	MON	TUE	WED	THU	FRI	SAT
01		today				1
02 2	3	④	5	6	7	8

yesterday   tomorrow

I'm going to finish a couple of books today.

나는 오늘 두어 권의 책을 끝낼 거예요. (다 읽을 거예요.)

I must return them by tomorrow.

나는 그것들을 내일까지 반납해야 해요.

On the way home, I'm going to send some letters.

집에 오는 길에, 나는 편지 몇 통을 보낼 거예요.

Then, I'm going to play with my younger brother.

그런 다음, 나는 내 어린 남자 형제와 놀 거예요. (남동생과 놀 거예요.)

He likes to build blocks and do puzzles.

그는 블록 쌓는 것과 퍼즐 맞추는 것을 좋아해요.

Word Quiz

다음 중 must 다음에 나오는 동사 return의 형태로 알맞은 것은 무엇일까요?

◯ return   ◯ returns   ◯ to return

Word Check

A 사진에 알맞은 단어를 골라 동그라미 하세요.

1
puzzle
must

2
letter
couple

3
return
build

4
send
finish

B 우리말 뜻과 같도록 보기 에서 알맞은 단어를 찾아 쓰세요.

보기   couple   young   must   return

1

_____
~해야 하다

2

_____
두어 개의

3

_____
반납하다, 돌려주다

4

_____
어린

C 주어진 글자를 바르게 배열하여 우리말 뜻에 맞는 말을 완성하세요.

1	두어 권의 책	a _____ of books	o u c l e p
2	편지 몇 통을 보내다	send some _____s	e t t r l e
3	내일까지	by _____	t w m o o r o r
4	퍼즐을 맞추다	do _____s	l e z u p z

Sentence Check

D 그림을 보고 알맞은 말을 골라 ☑ 표 하고 문장을 쓰세요.

1   I must ☐ return ☐ build   some books.

➡ _____ .

2   He likes to ☐ build blocks ☐ finish books .

➡ _____ .

E 우리말과 같도록 빈칸에 알맞은 단어를 써서 문장을 완성하세요.

> **TIP** 'I'm going to + 동사원형.'은 '나는 ~을 할 것이다.'라는 의미로, 가까운 미래에 할 일이나 계획 등을 나타내는 표현이에요.

1 나는 내 **어린** 남자 형제와 놀 거예요.

➡ I'm going to play with my _____er brother.

2 나는 오늘 두어 권의 책을 **끝낼** 거예요.

➡ I'm going to _____ a couple of books today.

3 집에 오는 길에, 나는 **편지** 몇 통을 **보낼** 거예요.

➡ On the way home, I'm going to _____ some _____s.

4 그는 블록 쌓는 것과 **퍼즐** 맞추는 것을 좋아해요.

➡ He likes to build blocks and do _____s.

5 나는 그것들을 **내일**까지 반납**해야 해요.**

➡ I _____ return them by _____ .

나만의 문장 만들기   계획한 일을 묘사하는 문장을 완성해 보세요.

I'm going to _____ .

나는 (계획한 일)을 할 거예요.

The Hen Laid Golden Eggs

STEP 1 단어 알기   단어를 보고, 듣고, 큰 소리로 따라 읽으세요.  Track 77

① **egg** 알, 달걀

② **hen** 암탉

③ **boy** 소년
- girl 소녀

④ **woman**
여자
- man 남자

⑤ **giant** 거인, 거대한

⑥ **rich** 부유한, 돈이 많은

⑦ **say** 말하다
- said: say의 과거형

⑧ **lay**
(알을) 낳다
- laid: lay의
  과거형

⑨ 구 **wake up** 깨어나다
- woke up: wake up의 과거형

⑩ **beside** ~ 옆에

A woman said, "Little boy, the giant is sleeping."

한 여자가 말했어요, "작은 소년아, 거인은 자고 있단다."

There was a hen beside the giant.

거인 옆에는 암탉 한 마리가 있었어요.

Jack took the hen and ran away.

잭은 암탉을 가지고 도망쳤어요.

The giant woke up. Jack was faster than him.

거인이 깨어났어요. 잭은 그보다 더 빨랐어요.

The hen laid golden eggs.

암탉은 황금 알을 낳았어요.

Word Quiz

by(~ 옆에)와 같은 뜻을 가진 단어는 무엇일까요?

◯ say　　◯ beside　　◯ lay

Jack got rich.

잭은 부자가 되었어요.

Word Check

A 사진에 알맞은 단어를 보기 에서 골라 쓰세요.

보기   rich   hen   woman   egg

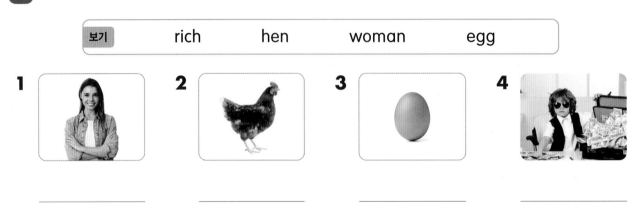

1 _____   2 _____   3 _____   4 _____

B 단어와 우리말 뜻을 선으로 연결하고, 빈칸에 단어를 쓰세요.

1 say   •   • (알을) 낳다 ➡ _____

2 beside   •   • 거인, 거대한 ➡ _____

3 giant   •   • ~ 옆에   ➡ _____

4 lay   •   • 말하다   ➡ _____

C 빈칸에 알맞은 글자를 써서 우리말 뜻에 맞는 말을 완성하세요.

1 깨어나다   w_____ u____

2 작은 소년   a little b_____

3 황금 알   golden e_____s

4 부자가 되다   get r_____

Sentence Check

D 그림을 보고 주어진 단어를 바르게 배열하여 문장을 쓰세요.

1

was   There   a   the   giant   hen   beside

➡ _____ .

2

is   sleeping   giant   The

➡ _____ .

E 우리말과 같도록 빈칸에 알맞은 단어를 써서 문장을 완성하세요.

1 잭은 **부자**가 되었어요.

> TIP 'get + 형용사'는 '(형용사)한 상태가 되다'라는 의미예요.

➡ Jack got _____.

2 거인 **옆에는** 암탉 한 마리가 있었어요.

➡ There was a hen _____ the giant.

3 암탉은 황금 알을 **낳았어요**.

➡ The hen _____ golden eggs.

4 거인이 **깨어났어요**.

➡ The giant _____ _____.

5 한 **여자**가 말했어요, "작은 **소년**아, 거인은 자고 있단다."

➡ A _____ said, "Little _____, the giant is sleeping."

나만의 문장 만들기   '잭과 콩나무' 이야기에 나온 문장을 완성해 보세요.

Jack took the _____ and ran away. 잭은 암탉을 가지고 도망쳤어요.

The _____. 거인이 깨어났어요.

Oil Is Lighter than Water

STEP 1 단어 알기 단어를 보고, 듣고, 큰 소리로 따라 읽으세요.  Track 79

① **circle**
원, 동그라미

② **oil** 기름

③ **end** 끝

④ **top** 위, 윗면

⑤ **drop** 방울
• a few drops 몇 방울

⑥ **half** 절반

⑦ **rainbow** 무지개

⑧ **know** 알다

⑨ **float** (가라앉지 않고) 뜨다

⑩ **only** 단지, ~만

Do you know anything about oil?

여러분은 기름에 대해 아는 것이 있나요?

Oil is lighter than water.

기름은 물보다 가볍답니다.

Put a few drops of oil in water.

물에 기름 몇 방울을 떨어뜨려 보세요.

The oil floats to the top of the water.

기름이 물의 맨 위로 뜬답니다.

Do you know anything about rainbows?

여러분은 무지개에 대해 아는 것이 있나요?

Most rainbows are circles.

대부분의 무지개는 원이랍니다.

They have no ends.

그것들은 끝이 없어요.

We only see half of the circles.

우리는 단지 그 원의 절반만 보는 거예요.

Word Quiz

sink(가라앉다)와 반대의 뜻을 가진 단어는 무엇일까요?

◯ float   ◯ drop   ◯ know

Word Check

A 사진에 알맞은 단어를 골라 동그라미 하세요.

1 　　half　　circle

2 　　rainbow　　drop

3 oil　　top

4 float　　know

B 우리말 뜻과 같도록 보기 에서 알맞은 단어를 찾아 쓰세요.

| 보기 | only | know | end | half |

1
_____
절반

2
_____
끝

3
_____
단지, ~만

4
_____
알다

C 주어진 글자를 바르게 배열하여 우리말 뜻에 맞는 말을 완성하세요.

1 | 몇 방울 | a few _____ s | d o r p |

2 | 물의 맨 위 | the _____ of the water | p t o |

3 | 끝이 없다 | have no _____ s | d e n |

4 | 원의 절반 | half of the _____ s | c r l i c e |

Sentence Check

D 그림을 보고 알맞은 말을 골라 ☑ 표 하고 문장을 쓰세요.

1 Do you ☐ know ☐ float anything about rainbows?

➡ _____ ?

2 ☐ Oil ☐ Water is lighter than ☐ water ☐ oil .

➡ _____ .

E 우리말과 같도록 빈칸에 알맞은 단어를 써서 문장을 완성하세요.

1 그것들은 **끝**이 없어요.

➡ They have no _____s.

2 물에 기름 몇 **방울**을 떨어뜨려 보세요.

➡ Put a few _____s of oil in water.

3 대부분의 무지개는 **원**이랍니다.

➡ Most rainbows are _____s.

4 기름이 물의 **맨 위**로 **뜬답니다**.

➡ The oil _____s to the _____ of the water.

5 우리는 **단지** 그 원의 **절반**만 보는 거예요.

➡ We _____ see _____ of the circles.

> **tip** only가 동사 앞에 오면 '단지 ~할 뿐이다' 라는 뜻이 돼요.

나만의 문장 만들기 정보를 묻고 답하는 문장을 완성해 보세요.

Do you know anything about _____ ? 여러분은 기름에 대해 아는 것이 있나요?

It's _____ than _____ . 그것은 물보다 가벼워요.

Whenever I Walk, My Foot Hurts

1 foot 발
- feet: foot의 복수형

2 idea 생각, 아이디어

3 skate
스케이트,
스케이트를
타다
- go skating
스케이트 타러
가다

4 accident 사고

5 board game
보드게임

6 call 전화하다

7 buy 사다
- bought: buy의 과거형

8 hurt 아프다, 다치게 하다

9 break
부러뜨리다,
손상시키다
- broke: break의 과거형

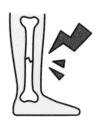

10 whenever ~할 때마다

Let's go skating tomorrow.

내일 스케이트 타러 가자.

 I can't. I broke my leg in the accident.

안 돼. 나는 사고로 다리가 부러졌어.

I fell down while skating.

스케이트를 타다가 넘어졌거든.

Whenever I walk, my foot hurts.

내가 걸을 때마다, 내 발이 아파.

 Then, how about playing a board game?

그러면, 보드게임 하는 게 어때?

I bought a new one.

나 새로운 것 하나 샀어.

 That's a good idea. I'll call you back later.

그것은 좋은 생각이야. 내가 나중에 너한테 다시 전화할게.

Word Quiz

buy의 과거형은 무엇
일까요?

◯ buys
◯ buyed
◯ bought

Word Check

A 사진에 알맞은 말을 보기 에서 골라 쓰세요.

| 보기 | skate | call | hurt | board game |

1
_____

2
_____

3
_____

4
_____

B 단어와 우리말 뜻을 선으로 연결하고, 빈칸에 단어를 쓰세요.

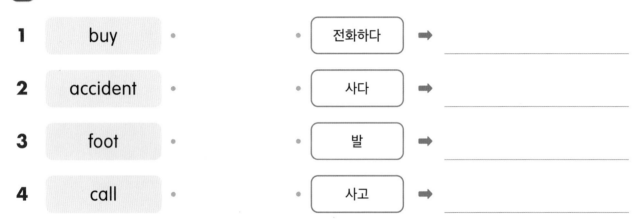

1 buy · · 전화하다 ➡ _____

2 accident · · 사다 ➡ _____

3 foot · · 발 ➡ _____

4 call · · 사고 ➡ _____

C 빈칸에 알맞은 글자를 써서 우리말 뜻에 맞는 말을 완성하세요.

1 내 발   my f_____

2 내가 걸을 때마다   w_____ I walk

3 교통 사고   a car a_____

4 좋은 생각   a good i_____

Sentence Check

D 그림을 보고 주어진 단어를 바르게 배열하여 문장을 쓰세요.

1

Whenever   walk,   my   foot   I   hurts

➡ _____ .

2

board game   playing   about   How   a

➡ _____ ?

E 우리말과 같도록 빈칸에 알맞은 단어를 써서 문장을 완성하세요.

1 내가 나중에 너한테 다시 **전화할게**.

➡ I'll _____ you back later.

2 내일 **스케이트 타러** 가자.

➡ Let's go _____ tomorrow.

3 그것은 좋은 **생각**이야.

➡ That's a good _____ .

4 나 새로운 것 하나 **샀거든**.

➡ I _____ a new one.

5 나는 **사고**로 다리가 **부러졌어**.

➡ I _____ my leg in the _____ .

나만의 문장 만들기   제안하고 그에 답하는 문장을 완성해 보세요.

Let's _____ tomorrow. 내일 (활동)해요.

That's a _____ _____ . 그것은 좋은 생각이에요.

A 잘 듣고, 들려주는 순서대로 사진에 번호를 쓰세요. Track 83

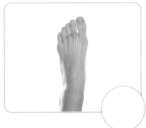

B 잘 듣고, 알맞은 단어에 동그라미 하세요. Track 84

1

circle   half

2

hen   egg

3

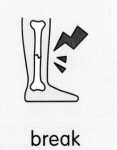

rich   break

4

boy   woman

C 우리말 뜻에 알맞은 영어 표현을 골라 ☑ 표 하세요.

1 스케이트 타러 가다 ☐ go skating   ☐ go hiking

2 바이러스를 죽이다 ☐ kill viruses   ☐ hurt viruses

3 두어 권의 책 ☐ a top of books   ☐ a couple of books

4 일주일에 두 번 ☐ twice a week   ☐ once a week

5 얼마나 자주 ☐ how many   ☐ how often

D 그림을 보고 알맞은 단어를 골라 동그라미 하세요.

1

I must (return / start) the books.

2

There was a (boy / hen)
(between / beside) the giant.

3

The (end / oil) (floats / knows)
to the top of the water.

E 우리말과 같도록 빈칸에 알맞은 단어를 써서 문장을 완성하세요.

1 나는 사고로 다리가 부러졌어. ➡ I broke my leg in the _____.

2 나는 어린 남자 형제와 놀 거예요. ➡ I'm going to play with my _____er brother.

3 암탉은 황금 알을 낳았어요. ➡ The hen _____ golden _____s.

4 그것들은 끝이 없어요. ➡ They have no _____s.

5 그것은 내 몸에 좋은 습관이야. ➡ It's a good _____ for my body.

F 보기 에서 알맞은 단어를 골라 문장을 완성하세요.

보기	twice	hurts	growth	Whenever	idea	board game

1 _____ I walk, my foot _____.

2 I jump rope _____ a week.

It's good for my heart and _____.

3 Ⓐ How about playing a _____ _____?

Ⓑ That's a good _____.

Crossword Puzzle

⭐ 문장을 읽고 알맞은 단어를 찾아 퍼즐을 완성하세요.

Down ⬇

1 The oil _____s to the top of the water.

3 He likes to _____ blocks.

5 The _____ woke up.

Across ➡

2 He likes to do _____s.

4 Let's go _____ tomorrow.

6 I'll _____ you back later.

7 My _____ hurts.

You Should Wear a Helmet

STEP 1 단어 알기 단어를 보고, 듣고, 큰 소리로 따라 읽으세요. Track 85

① tire
타이어, 바퀴

② chain
체인

③ brake 브레이크

④ helmet
헬멧

⑤ road 길, 도로

⑥ area 지역

⑦ condition 상태
- check the condition 상태를 점검하다

⑧ cross 건너다
- cross a road 길을 건너다

⑨ safe 안전한

⑩ carefully 주의하여, 신중하게

Safe bike riding!

안전한 자전거 타기!

You should wear a helmet.

당신은 헬멧을 써야 해요.

Check the condition **of your bike.**

당신의 자전거 상태를 점검하세요.

Check the tires, brakes, **and** chain.

타이어, 브레이크 및 체인을 점검하세요.

Look carefully **when you** cross roads.

길을 건널 때는 주의하여 살펴보세요.

Slow down in crowded areas.

붐비는 지역에서는 속도를 줄이세요.

Word Quiz

'속도를 줄이다'의 뜻을
가진 표현은 무엇일까요?

◯ slow down
◯ slow up
◯ speed up

Word Check

A 사진에 알맞은 단어를 골라 동그라미 하세요.

1

brake

helmet

2

tire

area

3

road

chain

4

cross

condition

B 우리말 뜻과 같도록 보기 에서 알맞은 단어를 찾아 쓰세요.

보기	safe	carefully	condition	brake

1
_____
브레이크

2
_____
상태

3
_____
주의하여

4
_____
안전한

C 주어진 글자를 바르게 배열하여 우리말 뜻에 맞는 말을 완성하세요.

1 | 헬멧을 쓰다 | wear a _____ | m l h e e t

2 | 타이어를 점검하다 | check the _____ s | e t i r

3 | 길을 건너다 | _____ _____ s | corss/orad

4 | 붐비는 지역 | crowded _____ s | a e r a

Sentence Check

D 그림을 보고 알맞은 말을 골라 ☑ 표 하고 문장을 쓰세요.

1 Check the tires and ☐ roads ☐ chain .

➡ _____ .

2 You should wear a ☐ helmet ☐ tire .

➡ _____ .

E 우리말과 같도록 빈칸에 알맞은 단어를 써서 문장을 완성하세요.

1 **안전한** 자전거 타기!

➡ _____ bike riding!

2 붐비는 **지역**에서는 속도를 줄이세요.

➡ Slow down in crowded _____s.

3 당신은 **헬멧**을 써야 해요.

➡ You should wear a _____ .

> **TIP** 'You should + 동사원형.'은 '당신은 ~해야 해요.'라는 의미로, 상대방에게 충고나 조언할 때 쓰는 표현이에요.

4 **타이어**, 브레이크 및 **체인**을 점검하세요.

➡ Check the _____s, brakes and _____ .

5 길을 **건널** 때는 **주의하여** 살펴보세요.

➡ Look _____ when you _____ roads.

나만의 문장 만들기 자전거 안전 규칙에 대한 문장을 완성해 보세요.

You should wear a _____ . 당신은 헬멧을 써야 해요.

Check the _____ and _____ . (부품1)과 (부품2)를 점검하세요.

I Don't Agree with You

STEP 1 단어 알기 단어를 보고, 듣고, 큰 소리로 따라 읽으세요. Track 87

① **human** 인간

② **danger** 위험

③ **easy** 쉬운

④ **loyal** 충성스러운

⑤ **friendly** 친근한, 다정한

⑥ **better** 더 좋은, 더 나은

• better: good의 비교급
good - better - best

⑦ **groom** 깨끗이 손질하다

⑧ **train** 훈련하다

⑨ **agree** 동의하다

⑩ **protect** 보호하다

I think dogs are better than cats.

나는 개가 고양이보다 더 좋은 반려동물이라고 생각해요.

They are friendly and loyal.

그들은 친근하고 충성스럽죠.

Training dogs is easy.

개를 훈련하는 것은 쉬워요.

They can protect you from danger.

그들은 위험으로부터 여러분을 보호해 줄 수 있어요.

I don't agree with you.

나는 당신에게 동의하지 않아요.

Cats are better than dogs.

고양이가 개보다 더 나아요.

They are quiet and clean.

그들은 조용하고 깨끗해요.

They groom themselves.

그들은 스스로를 깨끗이 손질해요.

They are great friends for humans.

그들은 인간을 위한 훌륭한 친구예요.

difficult와 반대의 의미를 가진 단어는 무엇일까요?

○ easy   ○ loyal   ○ friendly

Word Check

A 사진에 알맞은 단어를 보기 에서 골라 쓰세요.

보기　　groom　　danger　　train　　friendly

1 _____

2 _____

3 _____

4 _____

B 단어와 우리말 뜻을 선으로 연결하고, 빈칸에 단어를 쓰세요.

1　easy　·　　　·　더 좋은, 더 나은　➡ _____

2　protect　·　　　·　충성스러운　➡ _____

3　loyal　·　　　·　쉬운　➡ _____

4　better　·　　　·　보호하다　➡ _____

C 빈칸에 알맞은 글자를 써서 우리말 뜻에 맞는 말을 완성하세요.

1　개를 훈련하다　　t_____ dogs

2　위험으로부터　　from d_____

3　당신에게 동의하다　　a_____ with you

4　인간을 위한　　for h_____s

Sentence Check

D 그림을 보고 주어진 단어를 바르게 배열하여 문장을 쓰세요.

1

easy   is   dogs   Training

➡ _____ .

2

themselves   They   groom

➡ _____ .

E 우리말과 같도록 빈칸에 알맞은 단어를 써서 문장을 완성하세요.

1 그들은 친근하고 충성스럽죠.

➡ They are _____ and _____ .

2 그들은 스스로를 깨끗이 손질해요.

➡ They _____ themselves.

3 그들은 인간을 위한 훌륭한 친구예요.

➡ They are great friends for _____ s.

4 나는 당신에게 동의하지 않아요.

➡ I don't _____ with you.

5 그들은 위험으로부터 여러분을 보호해 줄 수 있어요.

➡ They can _____ you from _____ .

나만의 문장 만들기   반려동물에 대해 설명하는 문장을 완성해 보세요.

_____ are _____ and _____ .

(개 / 고양이)는 (특징 1)하고 (특징 2)해요.

DAY 38 The Earth Is Getting Warmer

1st 2nd 3rd

STEP 1 단어 알기 단어를 보고, 듣고, 큰 소리로 따라 읽으세요. Track 89

1 ice
얼음

2 earth
지구

3 fish
물고기

4 animal 동물

5 full 가득 찬
• be full of ~로 가득 차다

6 warm 따뜻한
• warmer: warm의 비교급

7 dead 죽은

8 stop 멈추다

9 melt 녹다

10 pollute 오염시키다

The earth is getting warmer.
지구가 점점 더 따뜻해지고 있어요.

Rivers are full of dead fish.
강은 죽은 물고기로 가득 차 있어요.

Forest fires kill animals.
산불은 동물을 죽여요.

The ice in the North Pole is melting.
북극의 얼음은 녹고 있어요.

We should stop polluting the earth.
우리는 지구를 오염시키는 것을 멈춰야 해요.

Word Quiz

'점점 더 따뜻해지는'을 의미하는 알맞은 표현은 무엇일까요?

- ◯ get warmer
- ◯ get warmest
- ◯ get warming

Word Check

A 사진에 알맞은 단어를 골라 동그라미 하세요.

1
fish
warm

2
ice
stop

3
melt
full

4
animal
pollute

B 우리말 뜻과 같도록 보기 에서 알맞은 단어를 찾아 쓰세요.

보기   stop   full   dead   animal

1
_____
동물

2
_____
멈추다

3
_____
가득 찬

4
_____
죽은

C 주어진 글자를 바르게 배열하여 우리말 뜻에 맞는 말을 완성하세요.

1 더 따뜻해지다   get _____ er   a w r m

2 죽은 물고기   dead _____   s h f i

3 지구를 오염시키다   _____ the earth   p l l o t e u

4 동물을 죽이다   kill _____ s   a m a l i n

Sentence Check

D 그림을 보고 알맞은 말을 골라 ☑ 표 하고 문장을 쓰세요.

1 The earth is getting ☐ cooler ☐ warmer .

➡ _____ .

2 The ice in the North Pole is ☐ stopping ☐ melting .

➡ _____ .

E 우리말과 같도록 빈칸에 알맞은 단어를 써서 문장을 완성하세요.

1 산불은 **동물**을 죽여요.

➡ Forest fires kill _____s.

2 강은 죽은 물고기로 **가득 차** 있어요.

➡ Rivers are _____ of dead fish.

3 우리는 지구를 오염시키는 것을 **멈춰야** 해요.

➡ We should _____ polluting the earth.

4 북극의 **얼음**은 녹고 있어요.

➡ The _____ in the North Pole is _____ing.

5 **지구**가 점점 더 **따뜻해지고** 있어요.

➡ The _____ is getting _____er.

> **TIP** 'be getting + 비교급'은 '점점 더 ~해지고 있다'라는 뜻이에요.

나만의 문장 만들기   환경오염에 대해 묘사하는 문장을 완성해 보세요.

The _____ is getting _____ . 지구가 점점 더 따뜻해지고 있어요.

The river is _____ of dead _____ . 강은 죽은 (생물)로 가득 차 있어요.

Recycle Bottles and Cans

STEP 1 단어 알기 단어를 보고, 듣고, 큰 소리로 따라 읽으세요. Track 91

① **bottle** 병

② **side** 면, 쪽

③ **both** 둘 다, 양쪽의

④ **plastic**
비닐로 된,
플라스틱으로 된
• plastic bag 비닐봉지

⑤ **electricity** 전기

⑥ **example** 예시, 예

⑦ **reuse** 재사용하다

⑧ **reduce** 줄이다

⑨ **recycle** 재활용하다
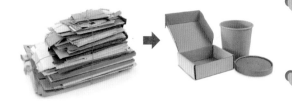

⑩ **instead** 대신에

Here are some examples of the 3 Rs.

여기 3 R의 몇 가지 예시가 있어요.

Recycle bottles and cans.

병과 캔을 재활용하세요.

Reuse paper.

종이는 재사용하세요.

Use both sides of the paper.

종이의 양쪽 면을 다 사용하세요.

Use cloth bags instead of plastic bags.

비닐봉지 대신에 천 가방을 사용하세요.

Turn off lights when not in use.

사용하지 않을 때는 전등을 끄세요.

It reduces electricity use.

그것은 전기 사용을 줄여줍니다.

Word Quiz

'(전기, 물 등을) 끄다, 잠그다'라는
의미를 표현하는 말은 무엇일까요?

○ turn on   ○ turn off

Word Check

A 사진에 알맞은 단어를 보기 에서 골라 쓰세요.

보기   bottle   plastic   electricity   side

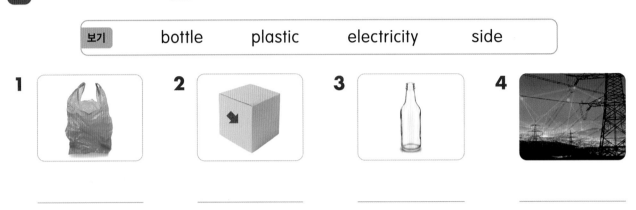

1 _____

2 _____

3 _____

4 _____

B 단어와 우리말 뜻을 선으로 연결하고, 빈칸에 단어를 쓰세요.

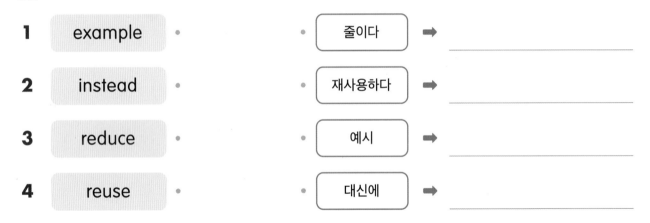

1 example	줄이다	➡ _____
2 instead	재사용하다	➡ _____
3 reduce	예시	➡ _____
4 reuse	대신에	➡ _____

C 빈칸에 알맞은 글자를 써서 우리말 뜻에 맞는 말을 완성하세요.

1 전기 사용   e_____ use

2 병을 재활용하다   r_____ b_____s

3 비닐봉지   p_____ bags

4 양쪽 면   b_____ sides

Sentence Check

D 그림을 보고 주어진 단어를 바르게 배열하여 문장을 쓰세요.

1

the   paper   both   sides   of   Use

➡ _____.

2

cans   bottles   Recycle   and

➡ _____.

E 우리말과 같도록 빈칸에 알맞은 단어를 써서 문장을 완성하세요.

1 종이는 **재사용하세요**.

➡ _____ paper.

2 비닐봉지 **대신에** 천 가방을 사용하세요.

➡ Use cloth bags _____ of _____ bags.

3 그것은 전기 사용을 **줄여줍니다**.

➡ It _____s electricity use.

4 여기 3 R의 몇 가지 **예시**가 있어요.

➡ Here are some _____s of the 3 Rs.

5 종이 **양쪽 면**을 다 사용하세요.

➡ Use _____ _____s of the paper.

나만의 문장 만들기   3 R에 대한 문장을 완성해 보세요.

_____ bottles.   _____ paper.   병을 재활용하세요.
종이를 재사용하세요.

_____ electricity use.   전기 사용을 줄이세요.

DAY 40 This is the Human Life Cycle

1st   2nd   3rd

1 job 직업

2 birth 출생

3 life 삶, 생애

4 child 아이, 어린이

- children: child의 복수형

5 adult 어른, 성인

adult

child

6 teen 십대

TiP teen은 '십대'라는 의미로 나이가 13~19세 사이의 청소년을 가리키는 말이에요. teenager라고도 해요.

7 cycle
순환, 사이클

- life cycle 생애 주기

8 marry
~와 결혼하다

- get married 결혼식을 하다

9 retire 은퇴하다, 퇴직하다

10 graduate 졸업하다

This is the human life cycle.

이것은 인간의 생애 주기예요.

Birth & Baby: Parents take care of their babies.

출생 & 아기: 부모는 그들의 아기를 돌봐요.

Child: They start school.

어린이: 그들은 학교를 시작해요. (학교에 입학해요.)

Teen: They graduate.

십대: 그들은 졸업해요.

Adult: They get jobs. They get married.

성인: 그들은 직업을 얻어요. 그들은 결혼해요.

Senior: They retire.

노인: 그들은 은퇴해요.

Word Quiz

human life cycle에서 가장 처음에 해당하는 단계는 무엇일까요?

◯ adult   ◯ birth   ◯ teen

Birth&Baby   Child   Teen   Adult   Senior

Word Check

A 사진에 알맞은 단어를 골라 동그라미 하세요.

1
marry
retire

2
teen
birth

3
child
adult

4
cycle
graduate

B 우리말 뜻과 같도록 보기 에서 알맞은 단어를 찾아 쓰세요.

보기	teen	adult	life	retire

1 _____
은퇴하다

2 _____
십대

3 _____
어른, 성인

4 _____
삶, 생애

C 주어진 글자를 바르게 배열하여 우리말 뜻에 맞는 말을 완성하세요.

1	직업을 얻다	get _____s	b j o
2	결혼식을 하다	get _____	r r i m a e d
3	졸업하다	_____	g d r a t u a e
4	인간의 생애 주기	the human life _____	y l e c c

Sentence Check

D 그림을 보고 알맞은 말을 골라 ☑ 표 하고 문장을 쓰세요.

1 They ☐ start ☐ graduate .

➡ _____ .

2 They ☐ get married ☐ retired .

➡ _____ .

E 우리말과 같도록 빈칸에 알맞은 단어를 써서 문장을 완성하세요.

1 그들은 **직업**을 얻어요.

➡ They get _____s.

2 그들은 **은퇴해요**.

➡ They _____ .

3 그들은 **졸업해요**.

➡ They _____ .

4 이것은 인간의 **생애 주기**예요.

➡ This is the human _____ _____ .

5 **출생** & **아기** ⇒ **어린이** ⇒ **십대** ⇒ **어른**

➡ _____ & Baby ⇒ _____ ⇒ _____ ⇒ _____

나만의 문장 만들기 인간의 생애 주기를 설명하는 문장을 완성해 보세요.

This is the human _____ . 이것은 인간의 생애 주기예요.

_____ : They _____ . (생애 단계): 그들은 (사건이나 일)해요.

WEEK 8 Review

A 잘 듣고, 들려주는 순서대로 사진에 번호를 쓰세요. Track 95

B 잘 듣고, 알맞은 단어에 동그라미 하세요. Track 96

1

danger　　birth

2

plastic　　electricity

3

graduate　　marry

4

melt　　pollute

C 우리말 뜻에 알맞은 표현을 골라 선으로 연결하세요.

1 위험으로부터 ·　　　　　　　· get jobs

2 헬멧을 쓰다 ·　　　　　　　· reuse paper

3 종이를 재사용하다 ·　　　　　· wear a helmet

4 직업을 얻다 ·　　　　　　　· from danger

5 동물을 죽이다 ·　　　　　　· kill animals

D 그림을 보고 알맞은 단어를 골라 동그라미 하세요.

1  Check the (road / condition) of your bike.

2  (Grooming / Training) dogs is (easy / loyal).

3  Use both (areas / sides) of the paper.

E 우리말과 같도록 빈칸에 알맞은 단어를 써서 문장을 완성하세요.

1 그것은 전기 사용을 줄여줍니다. ➡ It _____s electricity use.

2 붐비는 지역에서는 속도를 줄이세요. ➡ Slow down in crowded _____s.

3 지구가 점점 더 따뜻해지고 있어요. ➡ The earth is getting _____er.

4 그들은 친근하고 충성스럽죠. ➡ They are _____ and _____.

5 길을 건널 때는 주의하여 살펴보세요. ➡ Look _____ when you cross
_____s.

F 보기 에서 알맞은 단어를 골라 문장을 완성하세요.

보기	Recycle	melting	Safe	polluting	examples	helmet

1 _____ bike riding!

You should wear a _____.

2 The ice in the North Pole is _____.

We should stop _____ the earth.

3 Here are some _____ of the 3 Rs.

_____ bottles and cans.

Secret Word Game

⭐ 보기 에서 알맞은 단어를 찾아 문장을 완성하고 비밀의 단어가 무엇인지 쓰세요.

보기	human	graduate	cycle	instead
	Adult	animal	dead	groom

1 Cats _____ themselves.
    ♥

2 They are great friends for _____s.
         ♦   ♠

3 Forest fires kill _____s.
      ♠   ♠

4 Rivers are full of _____ fish.
       ★   ♠

5 This is the life _____.
              ★

6 _____s get married.
  ♠   ■

7 Teens _____.
      ♥ ♠   ♠ ■ ★

8 Use cloth bags _____ of plastic bags.
          ■   ★   ♠

The Secret Word Is …

★	♠	♥	■	♦

Words Check List

복습이 필요한 단어 및 구에 체크하며, 학습한 내용을 스스로 점검하고 복습해요.

DAY 1

football	☐
basketball	☐
sport	☐
hobby	☐
from	☐
listen	☐
elementary	☐
middle	☐
almost	☐
where	☐

DAY 2

shirt	☐
jacket	☐
pants	☐
size	☐
cash	☐
clerk	☐
customer	☐
pay	☐
medium	☐
thirty	☐

DAY 3

art	☐
math	☐
number	☐
subject	☐
nature	☐
contest	☐
problem	☐
help	☐
understand	☐
favorite	☐

DAY 4

bed	☐
hour	☐
clock	☐
noon	☐
bread	☐
a.m.	☐
p.m.	☐
homework	☐
come	☐
ring	☐

DAY 5

rice	☐
salt	☐
sugar	☐
lemon	☐
sauce	☐
salad	☐
add	☐
fry	☐
taste	☐
sour	☐

DAY 6

bug	☐
moon	☐
forest	☐
month	☐
camping	☐
grow	☐
hunt	☐
bright	☐
strong	☐
once	☐

DAY 7

card	☐
library	☐
copy	☐
print	☐
press	☐
insert	☐
borrow	☐
may	☐
again	☐
as well	☐

DAY 8

shoe	☐
file	☐
page	☐
back	☐
notebook	☐
office	☐
bottom	☐
playground	☐
find	☐
whose	☐

DAY 9

sofa	☐
table	☐
shelf	☐
kitchen	☐
living room	☐
talk	☐
enjoy	☐
delicious	☐
above	☐
below	☐

DAY 10

house	☐
store	☐
hill	☐
city	☐
countryside	☐
street	☐
crowd	☐
apartment	☐
live	☐
along	☐

DAY 11

movie	☐
horror	☐
weekend	☐
grandparents	☐
watch	☐
visit	☐
stay	☐
miss	☐
far	☐
boring	☐

DAY 12

bike	☐
cinema	☐
comedy	☐
adventure	☐
free	☐
ride	☐
bake	☐
dance	☐
practice	☐
sometimes	☐

Words Check List

복습이 필요한 단어 및 구에 체크하며, 학습한 내용을 스스로 점검하고 복습해요.

DAY 13

kid	☐
story	☐
fire	☐
firefighter	☐
people	☐
dentist	☐
write	☐
save	☐
examine	☐
put out	☐

DAY 14

war	☐
history	☐
summer	☐
lesson	☐
healthy	☐
deep	☐
read	☐
choose	☐
also	☐
already	☐

DAY 15

bus	☐
taxi	☐
airplane	☐
subway	☐
ticket	☐
tour	☐
airport	☐
restaurant	☐
forget	☐
famous	☐

DAY 16

pilot	☐
country	☐
culture	☐
future	☐
error	☐
engineer	☐
fly	☐
fix	☐
travel	☐
learn	☐

DAY 17

plan	☐
winter	☐
garden	☐
island	☐
heaven	☐
mountain	☐
holiday	☐
cover	☐
feel	☐
beautiful	☐

DAY 18

skin	☐
glasses	☐
dark	☐
oval	☐
close	☐
thin	☐
thick	☐
blond	☐
straight	☐
different	☐

DAY 19

park	☐
lake	☐
market	☐
cheese	☐
type	☐
bridge	☐
hospital	☐
over	☐
front	☐
between	☐

DAY 20

cow	☐
farm	☐
luck	☐
vacation	☐
glad	☐
fail	☐
wish	☐
first	☐
during	☐
finally	☐

DAY 21

band	☐
guitar	☐
tennis	☐
grade	☐
chance	☐
fifth	☐
sixth	☐
join	☐
wait	☐
basic	☐

DAY 22

bank	☐
gate	☐
block	☐
building	☐
corner	☐
left	☐
right	☐
turn	☐
arrive	☐
past	☐

DAY 23

air	☐
town	☐
river	☐
roof	☐
field	☐
wind	☐
land	☐
check	☐
heat	☐
before	☐

DAY 24

leaf	☐
kite	☐
fall	☐
season	☐
gold	☐
cool	☐
pretty	☐
clear	☐
kick	☐
because	☐

Words Check List

복습이 필요한 단어 및 구에 체크하며, 학습한 내용을 스스로 점검하고 복습해요.

DAY 25

duck	☐
horse	☐
way	☐
trip	☐
smell	☐
drive	☐
fill	☐
pick	☐
great	☐
fantastic	☐

DAY 26

doctor	☐
rest	☐
fever	☐
headache	☐
tonight	☐
yesterday	☐
medicine	☐
wet	☐
drink	☐
worry	☐

DAY 27

prize	☐
part	☐
group	☐
project	☐
newspaper	☐
solve	☐
prepare	☐
tired	☐
last	☐
forever	☐

DAY 28

tiger	☐
lion	☐
dolphin	☐
brain	☐
power	☐
gesture	☐
smart	☐
true	☐
maybe	☐
most	☐

DAY 29

violin	☐
concert	☐
place	☐
hall	☐
address	☐
date	☐
calendar	☐
September	☐
give	☐
invite	☐

DAY 30

zoo	☐
map	☐
tower	☐
minute	☐
guide	☐
north	☐
south	☐
east	☐
west	☐
across	☐

DAY 31

body	☐
heart	☐
growth	☐
habit	☐
virus	☐
week	☐
often	☐
twice	☐
kill	☐
jump rope	☐

DAY 32

letter	☐
puzzle	☐
must	☐
send	☐
build	☐
finish	☐
return	☐
young	☐
couple	☐
tomorrow	☐

DAY 33

egg	☐
hen	☐
boy	☐
woman	☐
giant	☐
rich	☐
say	☐
lay	☐
wake up	☐
beside	☐

DAY 34

circle	☐
oil	☐
end	☐
top	☐
drop	☐
half	☐
rainbow	☐
know	☐
float	☐
only	☐

DAY 35

foot	☐
idea	☐
skate	☐
accident	☐
board game	☐
call	☐
buy	☐
hurt	☐
break	☐
whenever	☐

DAY 36

tire	☐
chain	☐
brake	☐
helmet	☐
road	☐
area	☐
condition	☐
cross	☐
safe	☐
carefully	☐

Words Check List

복습이 필요한 단어 및 구에 체크하며, 학습한 내용을 스스로 점검하고 복습해요.

DAY 37

human	☐
danger	☐
easy	☐
loyal	☐
friendly	☐
better	☐
groom	☐
train	☐
agree	☐
protect	☐

DAY 38

ice	☐
earth	☐
fish	☐
animal	☐
full	☐
warm	☐
dead	☐
stop	☐
melt	☐
pollute	☐

DAY 39

bottle	☐
side	☐
both	☐
plastic	☐
electricity	☐
example	☐
reuse	☐
reduce	☐
recycle	☐
instead	☐

DAY 40

job	☐
birth	☐
life	☐
child	☐
adult	☐
teen	☐
cycle	☐
marry	☐
retire	☐
graduate	☐

교과서 문장으로 완전 정복하는
교육부 지정 영단어 800

기적의 초등 영단어 필수

정답

초등 5~6학년 어휘
2

길벗스쿨

기적의 초등 필수 영단어 2

길벗스쿨

DAY 1

pp. 10 ~ 13

Word Quiz

☑ sports

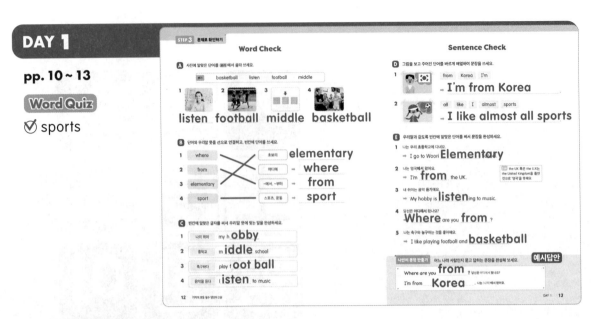

DAY 2

pp. 14 ~ 17

Word Quiz

☑ medium

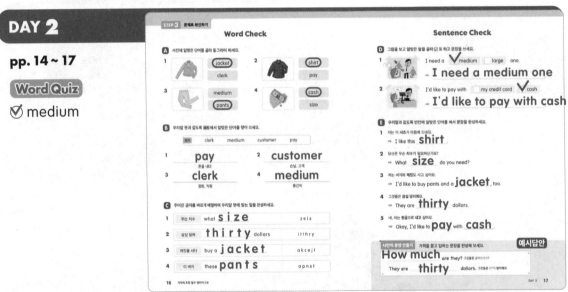

DAY 3

pp. 18 ~ 21

Word Quiz

☑ math

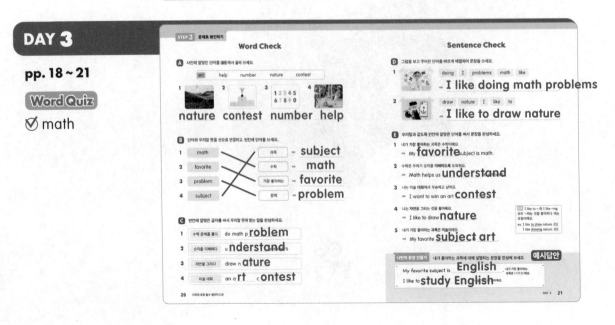

DAY 4

pp. 22 ~ 25

Word Quiz

☑ noon

DAY 5

pp. 26 ~ 29

Word Quiz

☑ taste

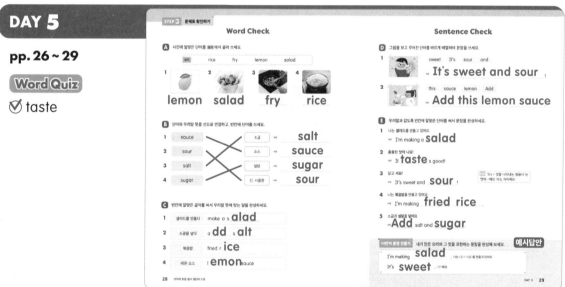

WEEK 1 Review

pp. 30 ~ 31

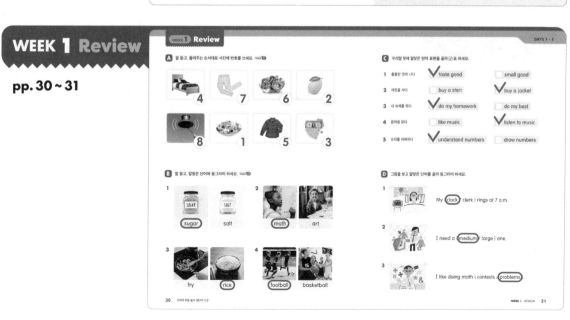

WEEK 1 Review

pp. 32 ~ 33

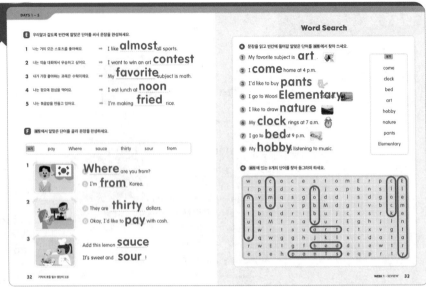

DAY 6

pp. 34 ~ 37

Word Quiz

✓ moon

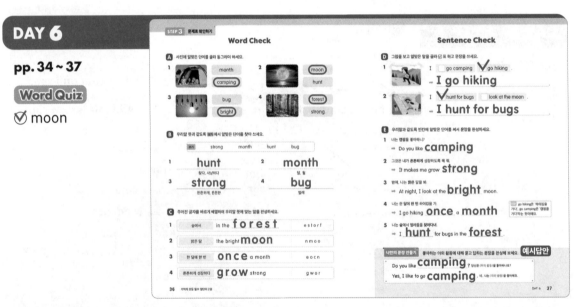

DAY 7

pp. 38 ~ 41

Word Quiz

✓ borrow

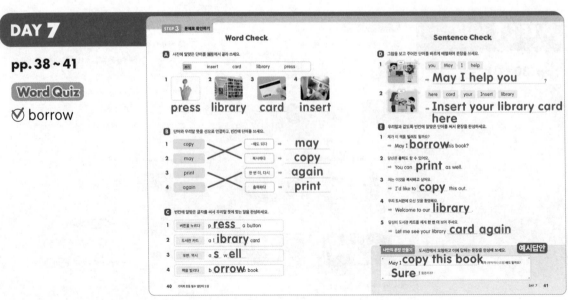

DAY 8

pp. 42 ~ 45

Word Quiz

☑ found

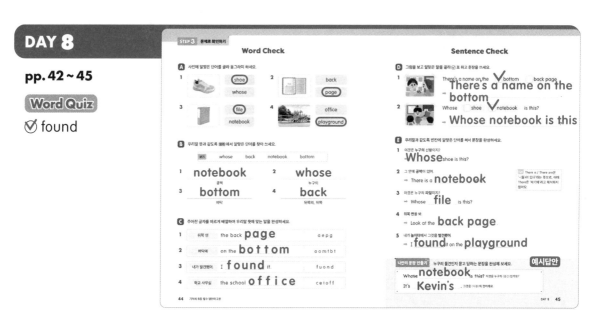

DAY 9

pp. 46 ~ 49

Word Quiz

☑ kitchen

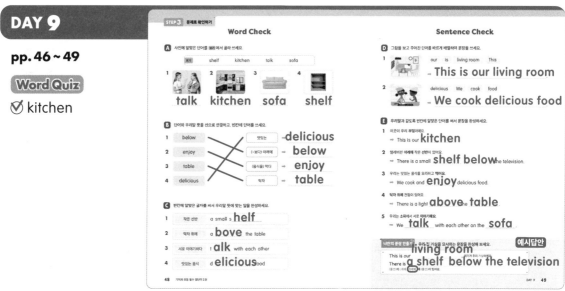

DAY 10

pp. 50 ~ 53

Word Quiz

☑ store

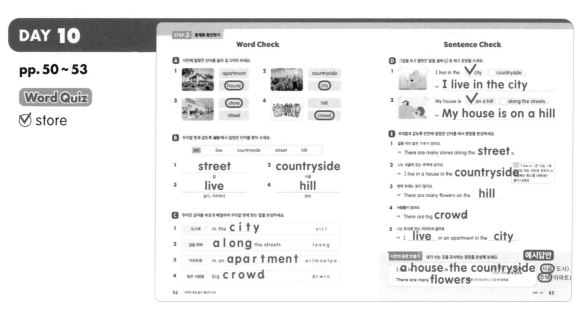

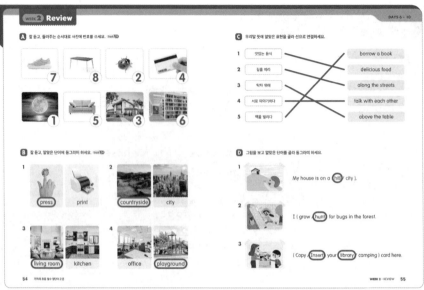

DAY 11

pp. 58 ~ 61

Word Quiz

☑ grandparents

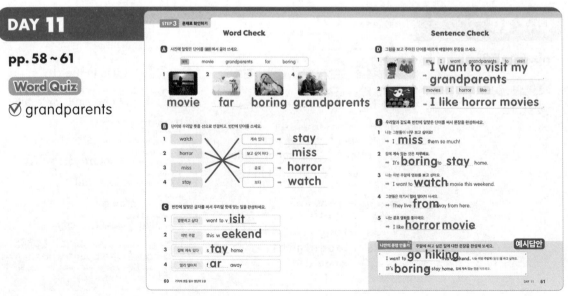

DAY 12

pp. 62~65

Word Quiz

☑ sometimes

DAY 13

pp. 66~69

Word Quiz

☑ write

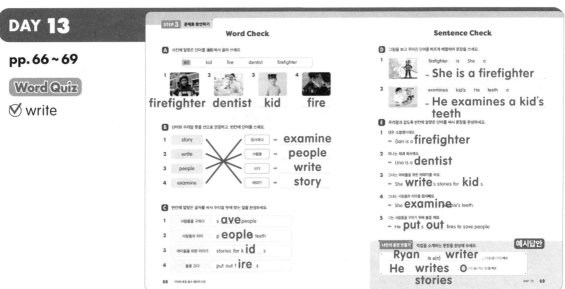

DAY 14

pp. 70~73

Word Quiz

☑ chose

DAY 15

pp. 74 ~ 77

Word Quiz

✓ to the airport

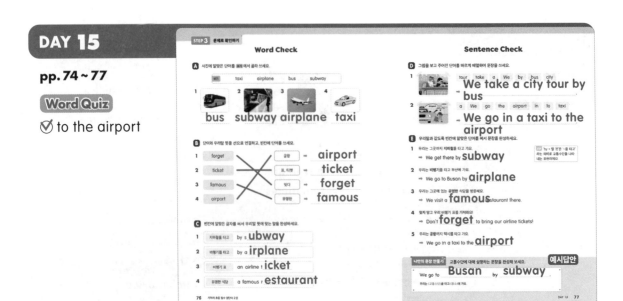

WEEK 3 Review

pp. 78 ~ 79

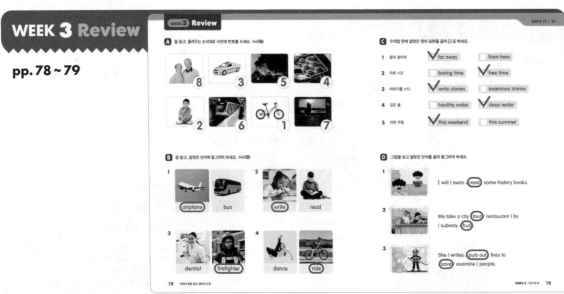

WEEK 3 Review

pp. 80 ~ 81

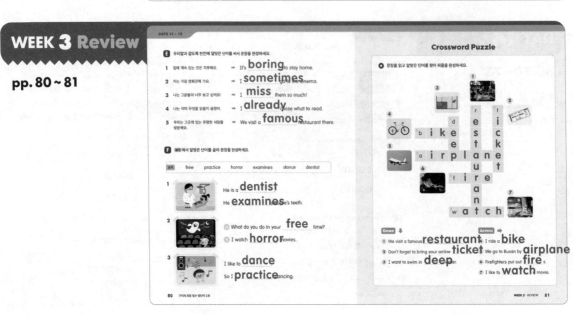

DAY 16

pp. 82 ~ 85

Word Quiz

✓ pilot

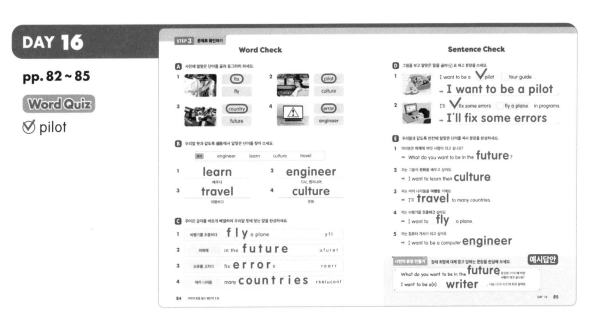

DAY 17

pp. 86 ~ 89

Word Quiz

✓ island

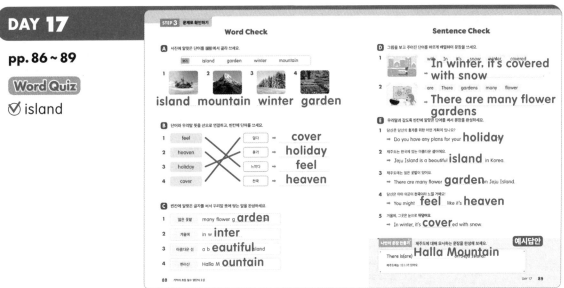

DAY 18

pp. 90 ~ 93

Word Quiz

✓ thick

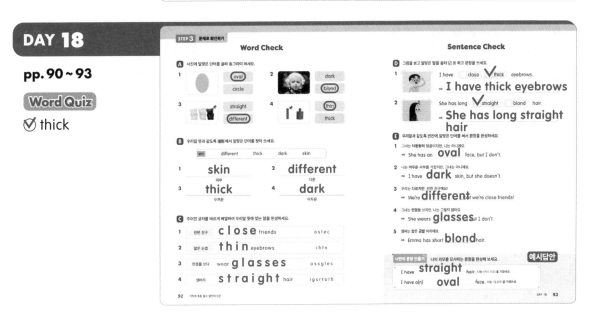

Word Quiz

✓ type

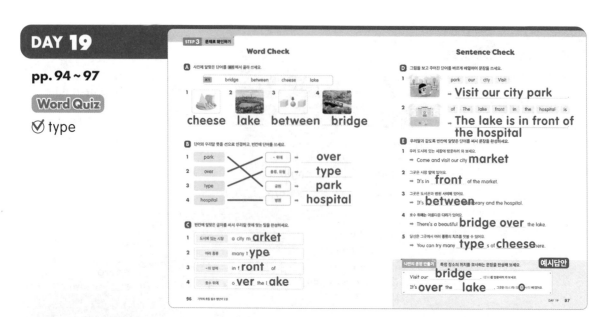

Word Quiz

✓ glad

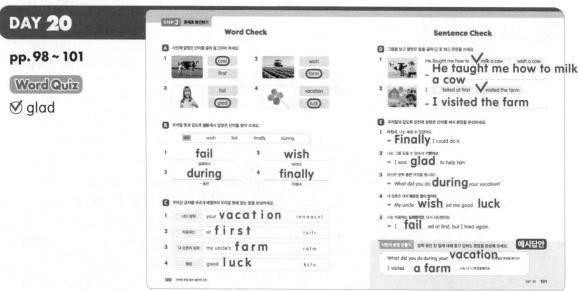

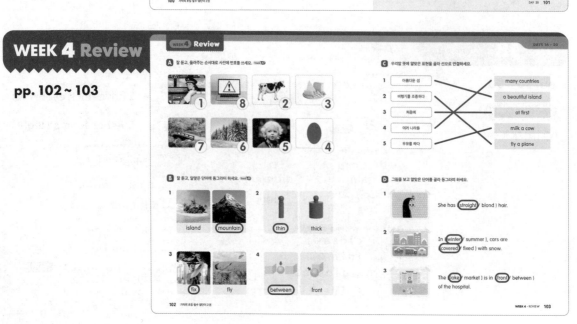

WEEK **4** Review

pp. 104 ~ 105

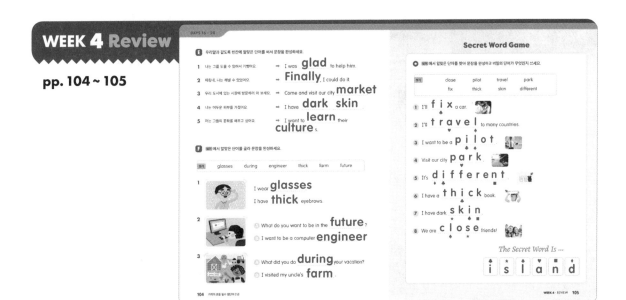

DAY **21**

pp. 106 ~ 109

Word Quiz

✓ fifth grade

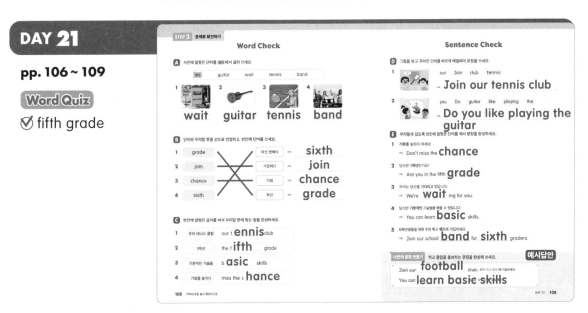

DAY **22**

pp. 110 ~ 113

Word Quiz

✓ block

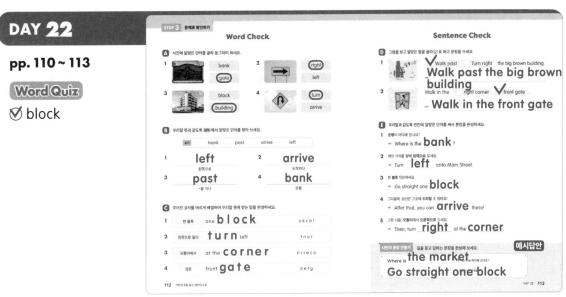

DAY 23

pp. 114 ~ 117

Word Quiz

☑ before

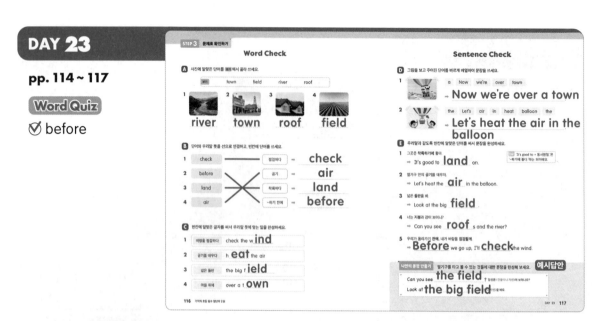

DAY 24

pp. 118 ~ 121

Word Quiz

☑ season

DAY 25

pp. 122 ~ 125

Word Quiz

☑ trip

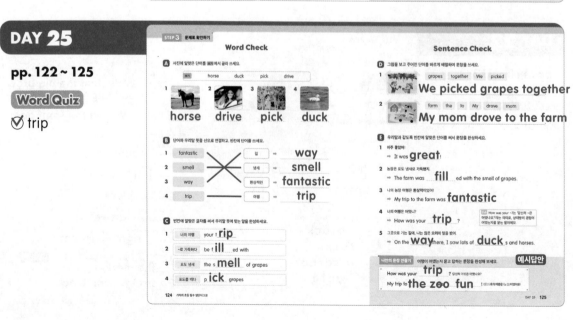

WEEK 5 Review

pp. 126 ~ 127

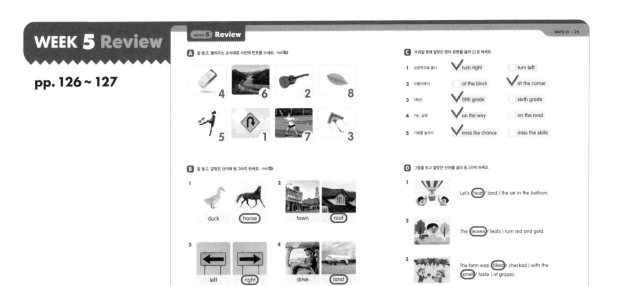

WEEK 5 Review

pp. 128 ~ 129

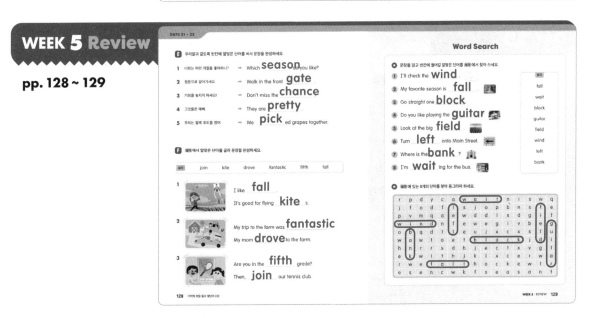

DAY 26

pp. 130 ~ 133

Word Quiz

☑ drank

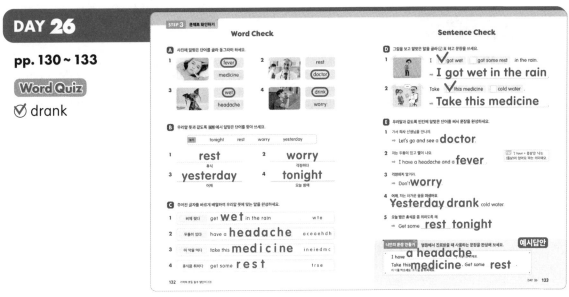

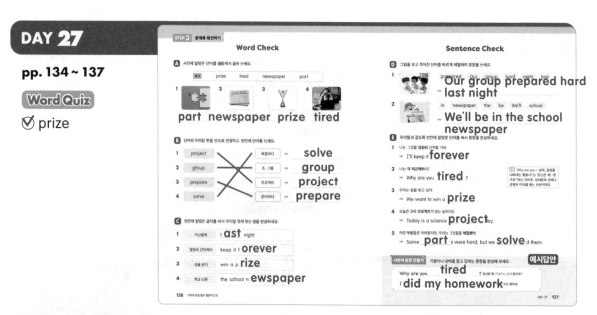

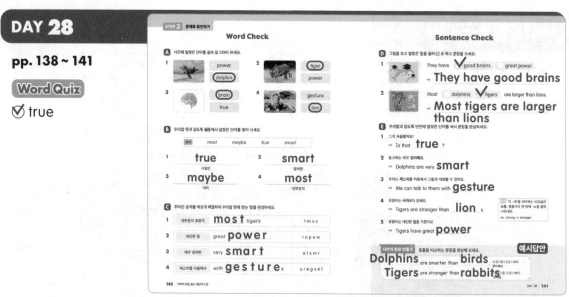

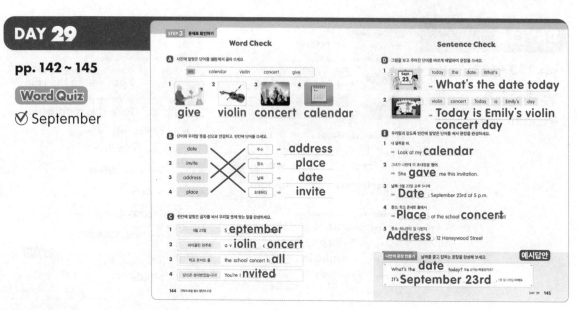

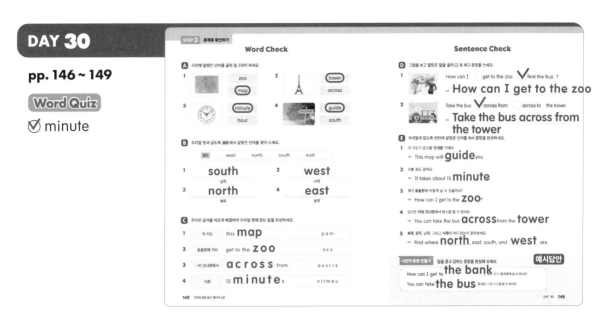

DAY 31

pp. 154 ~ 157

Word Quiz

☑ habit

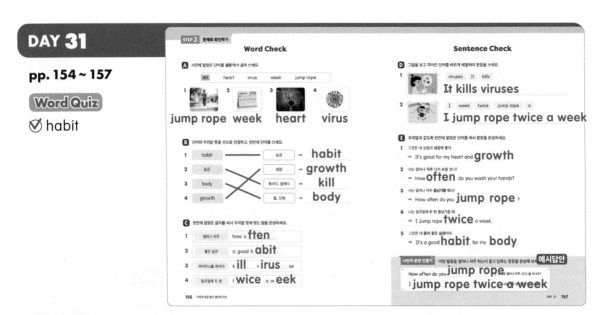

DAY 32

pp. 158 ~ 161

Word Quiz

☑ return

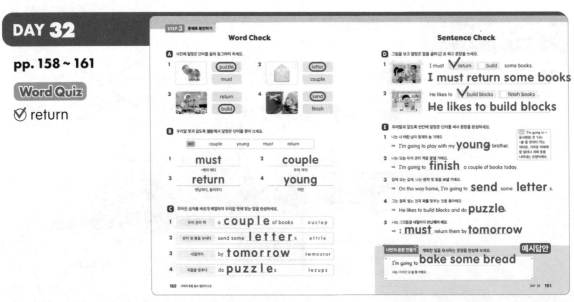

DAY 33

pp. 162 ~ 165

Word Quiz

☑ beside

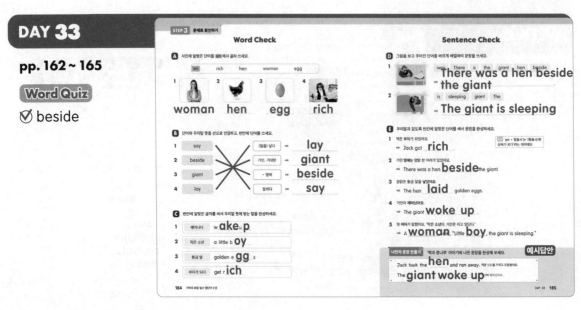

DAY 34

pp. 166 ~ 169

Word Quiz

☑ float

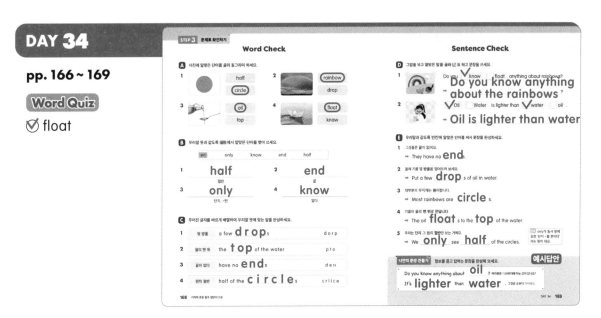

DAY 35

pp. 170 ~ 173

Word Quiz

☑ bought

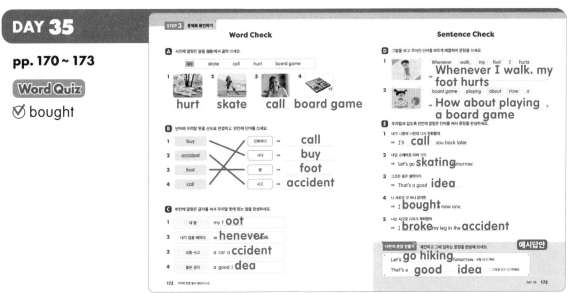

WEEK 7 Review

pp. 174 ~ 175

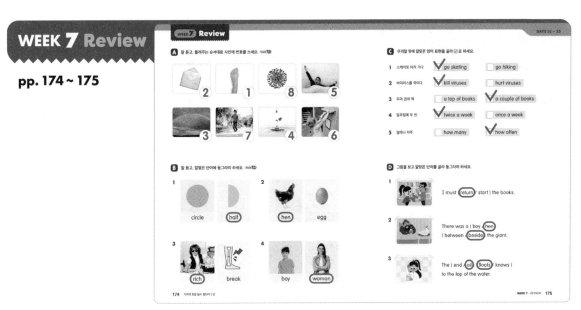

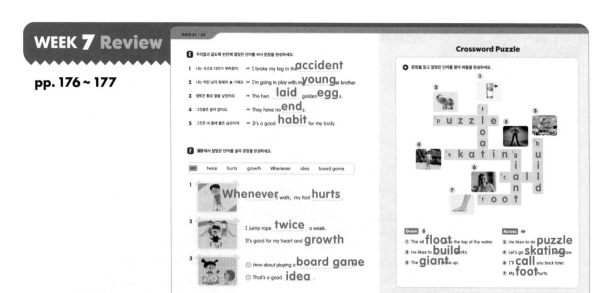

WEEK 7 Review
pp. 176~177

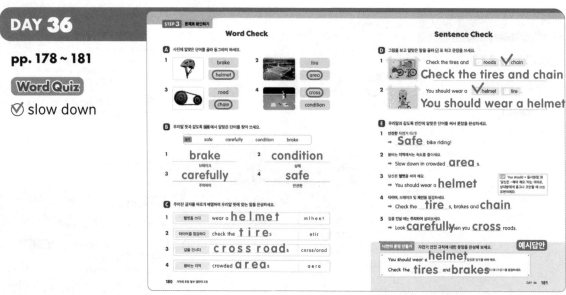

DAY 36
pp. 178~181

Word Quiz

☑ slow down

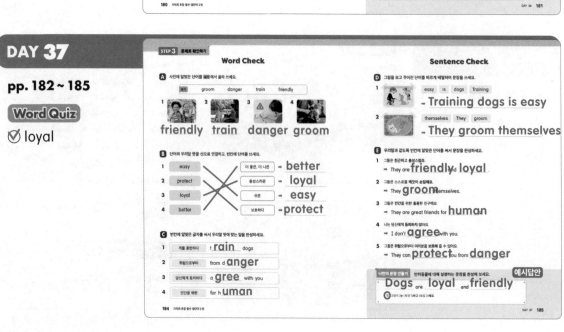

DAY 37
pp. 182~185

Word Quiz

☑ loyal

DAY 38

pp. 186 ~ 189

Word Quiz

☑ get warmer

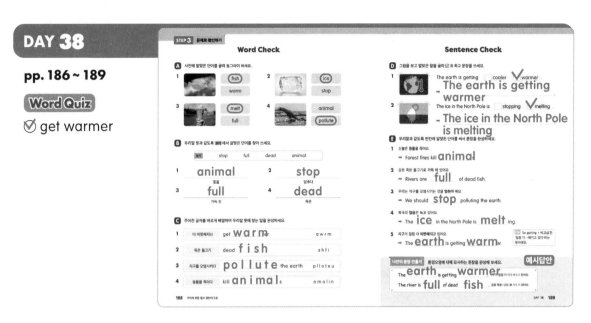

DAY 39

pp. 190 ~ 193

Word Quiz

☑ turn off

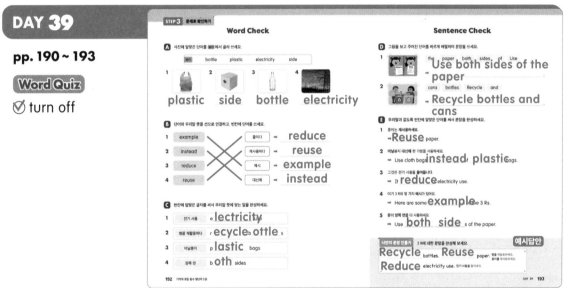

DAY 40

pp. 194 ~ 197

Word Quiz

☑ birth

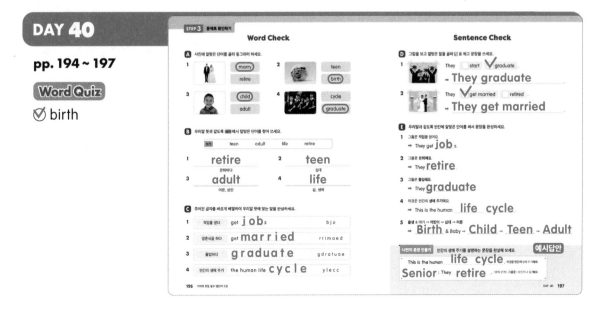

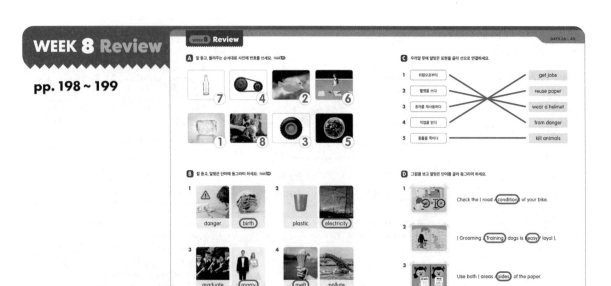

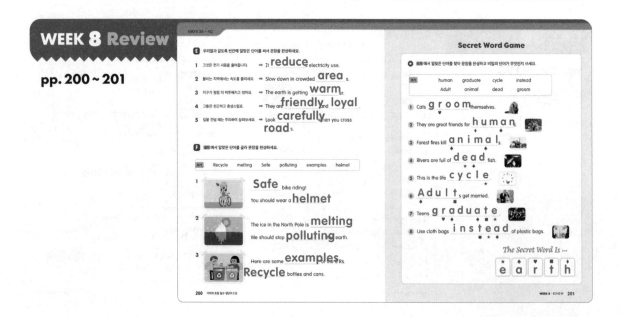